24,–

Lida van den Broek · Am Ende der Weißheit

Lida von den Broek

Am Ende der Weißheit

Vorurteile überwinden

Aus dem Niederländischen von Annette Löffelholz

Orlanda Frauenverlag

CIP-Titelaufnahme der Deutschen Bibliothek:
Broek, Lida van den:
Am Ende der Weissheit : Vorurteile überwinden ; e. Handbuch / Lida van den Broek. [Dt. Bearb. von May Opitz. Aus d. Niederländ. von Annette Löffelholz]. - Berlin : Orlanda-Frauenverl., 1988
Einheitsacht.: Hoe zit het nou met wit ‹dt.›
ISBN 3-922166-47-4
NE: Opitz, May [Bearb.]

Originaltitel: Hoe zit het nou met wit, Lida van den Broek

1. Auflage: 1988

ISBN 3-922166-47-4

Deutsche Bearbeitung: May Opitz
Lektorat: Bettina Schäfer
Umschlag: An Dekker, Amsterdam
Satz: Limone, Berlin
Druck: Fuldaer Verlagsanstalt, Fulda

Wir danken dem Weltkirchenrat Genf für die Förderung der Übersetzung aus dem Niederländischen im Rahmen des Programme to Combat Racism.

Inhalt

Danksagung

Es wären viele zu nennen, die, manchmal ohne es selbst zu wissen, durch das, was ich von ihnen gehört, gesehen, gelesen oder in gemeinsamer Arbeit erfahren habe, zum Inhalt dieses Buches beigetragen haben.
Vor allen anderen nenne ich Jan van der Horst. Er hat mir geholfen, mich unterstützt und mich während des gesamten Entstehungsprozesses dieses Buches kritisch begleitet.
Viel gelernt habe ich aus der Zusammenarbeit mit Ricky Sherover-Marcuse, Barbara Love und Emma Ramos-Diaz.
Andere haben mir geholfen, indem sie zu meinen Texten Stellung bezogen haben: Ellen v.d. Broek, Irma Garconius, Marijke Geurts, Anita Kinebanian, Maaike Meijer, Marijke Meijer, Ida Sabelis, Marjan Sax, Ferry Spies und Mireille v. Welzenis.
Nicht zu vergessen, all diejenigen, die mich motiviert haben und denen ich viele Anregungen verdanke, unter anderen: die Frauen von Kantharos, Marleen Heeman, Joke Hermsen, Jaap Sanders, Tineke Sjenityer und Tan May Ing.

Jema'as Kopf, Nigeria, Nok ca. 500 v. Chr.

Einleitung

»The Human Story – die Geschichte, auf die Sie 35 Millionen Jahre warten mußten«, so lautete die Ankündigung einer Ausstellung zur Geschichte der Menschheit, die im Sommer 1986 im Tropenmuseum Amsterdam zu sehen war. Sie fand großes Interesse in der Öffentlichkeit, und zusammen mit Hunderten anderer Besucher schlenderte ich durch die Ausstellungsräume, um mir einen Überblick über Jahrhunderte menschlicher Entwicklungsgeschichte zu verschaffen. Die Ausstellung zeigte unter anderem, daß die Ursprünge der Menschheit in Afrika liegen, daß die ersten menschlichen Wesen Schwarze waren. Ich fragte mich, ob sich die Tausende Besucher der Tragweite dieser Information bewußt wurden, ob ihnen klar wurde, daß diese Behauptung in völligem Widerspruch zur allgemeinen Vorstellung von schwarzen Menschen steht. Allzu optimistisch war ich nicht, denn gemeinhin werden Informationen dieser Art zwar durchaus als Tatsachen akzeptiert, bewußt verarbeitet werden sie in der Regel jedoch nicht. Rassismus hat unser Denken in hohem Maße beeinflußt. Wie kompliziert die Bewußtseinsprozesse sind, die zur Herausbildung rassistischen Denkens führen und wie dieses Denken verändert werden kann, das sind die zentralen Fragen, die in den folgenden Kapiteln zur Sprache kommen sollen. Ausgehend von der Situation weißer Menschen möchte ich mit diesem Buch einen Beitrag zur Entwicklung einer Strategie zur Befreiung vom Rassismus leisten.

Das erste Kapitel macht in einem historischen Rückblick deutlich, daß es Rassismus gegenüber Schwarzen durchaus nicht zu allen Zeiten gab. Afrika, so wie wir es kennen, durch Hungerkatastrophen ausgezehrt, unterentwickelt und abhängig vom Westen, ist nur das Resultat von vier Jahrhunderten Ausbeutung und Unterdrückung. Vor dieser Zeit besaß Afrika eine hochstehende Kultur, die im Altertum in vielerlei Hinsicht eine herausragende Rolle spielte.
Rassismus kann nicht isoliert, als eigenständiges Phänomen betrachtet werden. Er ist Bestandteil jener Formen von Unterdrückung, die sich zu Beginn des 16. Jahrhunderts unter den bestehenden Machtsystemen zur Sicherstellung ökonomischer Interessen herausbildeten. Durch Rassismus und andere Formen gesellschaftlicher Unterdrückung geraten Menschen – getrennt durch vermeintlich unüberbrückbare Interessengegensätze – in ein undurchschaubares Netz von Beziehungsstrukturen.

Zu Unrecht richten wir unsere Aufmerksamkeit beinahe ausschließlich auf die drei bekanntesten Formen von Unterdrückung: Klassenherrschaft, Sexismus und Rassismus. Daher droht auch der Politik linker Gruppen, die sich unter bestimmten Zielsetzungen zusammenschließen, die Gefahr, aufgrund der Struktur der Unterdrückungsmechanismen selbst zu scheitern. Jede unterdrückte Gruppe, die sich organisiert, bleibt zwangsläufig in sich gespalten, da es immer mehrere Formen von Unterdrückung unter ihren Mitgliedern geben wird. Eine Organisierung in großem Umfang wird nur dann zu erreichen sein, wenn neben den gemeinsamen Interessen auch die bestehenden Unterschiede berücksichtigt werden.
Folglich befassen wir uns dann in Kapitel 2 und 3 mit allen Formen gesellschaftlicher Unterdrückung. Es wird sich zeigen, daß wir in dem Maße, in dem wir sie in ihrer wechselseitigen Abhängigkeit erkennen, auch unsere »Feindbildpolitik« revidieren müssen.
Hätten wir es nur mit einer Form von Unterdrückung zu tun, wäre der Gegner leicht auszumachen. Ein Beispiel: Uns ist seit langem klar, daß das Bild vom Arbeiter und Kapitalisten zu stereotyp ist, um der Wirklichkeit noch zu entsprechen. Die enge Verknüpfung unterschiedlichster Formen gesellschaftlicher Unterdrückung macht die Verhältnisse wesentlich komplizierter. Daß ein und dieselbe Person sowohl Verbündete als auch Gegnerin sein kann, ist keineswegs paradox, sondern abhängig von der jeweiligen Form der Unterdrückung.
Vom Sexismus sind alle Frauen betroffen; der Rassismus markiert jedoch eine Trennungslinie zwischen schwarzen und weißen Frauen. Wenn wir trotzdem gemeinsam etwas bewegen wollen, müssen wir wohl oder übel Grenzen überschreiten, um zu einer neuen Bündnispolitik zu kommen. Als Bündnispartnerinnen werden weiße Frauen gezwungen sein, sich mit dem Rassismus auseinanderzusetzen.

In Kapitel 4 stelle ich die gewagte These auf, daß nicht nur Schwarze, sondern auch Weiße dem rassistischen System zum Opfer fallen, daß sie zu rassistischen Handlungsweisen gezwungen werden. Unterdrückung beschert den Herrschenden nicht nur materiellen Gewinn, sondern auch schwerwiegende psychische Probleme. Von klein auf ist jeder Mensch gezwungen, Positionen einzunehmen, die schon vor seiner Geburt aufgrund der gesellschaftlichen Verteilung von Macht festgelegt waren. In Anlehnung an den berühmten Satz von Simone de Beauvoir über Frauen können wir sagen, Menschen werden nicht als Schwarze oder Weiße geboren, sie werden dazu gemacht.

Unterdrückung gräbt tiefe Spuren in den Sozialisationsprozeß und hinterläßt einen Berg emotionaler Frustrationen, die unser Denken und Handeln weitgehend beeinflussen. Wenn Leiden nicht gesellschaftlich verarbeitet werden kann, muß es auf andere Weise abgebaut werden: Leiden wird abreagiert und durch unterdrückerisches Verhalten kompensiert. Indem ein Kind, das bestraft wird, seine Wut und seinen Schmerz an seinem/ihrem Kuscheltier abreagiert, versucht es auf diese Weise, sein/ihr Selbstwertgefühl und die verlorene Macht zurückzugewinnen.

Die »Mehrheit« braucht »Minderheiten«, um sich als »Mehrheit« fühlen zu können. Das sagt einiges über Abhängigkeiten aus. Unterdrückerisches Verhalten ist Opfer-Verhalten: Es bestimmt sich durch das, was es abwehren muß. Anders ausgedrückt: Das Unterdrückte besitzt potentiell die größere Macht, anders müßte es nicht unterdrückt werden, anders würde von ihm keine Bedrohung ausgehen.
Auch rassistisches Verhalten ist Opfer-Verhalten, weil es den Versuch darstellt, Selbstwertgefühl auf Kosten anderer wiederherzustellen oder drohende Unterdrückung auf andere abzuwälzen. Eine Analyse des Sozialisationsprozesses weißer Menschen macht deutlich, wo die Wurzeln dieses destruktiven Verhaltens liegen. Unterdrückung besteht nicht zuletzt darin, daß uns systematisch falsche Informationen und damit ein falsches Bild der Wirklichkeit aufgezwungen werden. Unterdrückerisches Verhalten erscheint somit gerechtfertigt und nicht anzweifelbar.
Eine solche Erklärung kann natürlich niemals eine Entschuldigung oder Rechtfertigung sein, sie setzt jedoch Erkenntnismöglichkeiten frei, die für die Entwicklung einer Befreiungsstrategie von Bedeutung sind. Eine Analyse des Sozialisationsprozesses macht gleichzeitig sichtbar, daß niemand einen anderen freiwillig unterdrückt, daß Unterdrückung vielmehr die Folge gesellschaftlicher Konditionierung ist. Anpassung an Unterdrückung resultiert aus der Notwendigkeit zu überleben und beruht keineswegs auf einer freien Entscheidung des einzelnen. Eine Schuldzuweisung ist hier nicht am Platze.

Absolute Unschuld und volle Verantwortlichkeit sind die Prinzipien, die der in Kapitel 5 entworfenen Strategie zugrunde liegen. Darüberhinaus gehen wir davon aus, daß jede Weiße eine potentielle Bündnispartnerin für Schwarze ist – ein zugegeben kontroverser Ausgangspunkt auf dem Hintergrund einer politischen Landschaft, die immer stärker durch Ausgrenzungen und Differenzierung geprägt ist.

Aber werden wir der Befreiung jemals näher kommen, wenn wir unsere politischen »Gegner« von vorneherein abschreiben? Durch Bestrafungen und Schuldzuweisungen werden sich die Menschen in ihrem Denken nicht ändern. Wenn sich die Antirassismusbewegung momentan auf diesem Weg befindet, bekämpft sie nur die Symptome und erfaßt das Problem nur oberflächlich. Um wirkliche Veränderungen zu bewirken, müssen wir zum inneren Kern des Rassismus vordringen, und da spielen neben politischen vor allem psychologische und emotionale Aspekte eine Rolle. Wir sind gehalten, uns die psychischen Auswirkungen des Sozialisationsprozesses bewußt zu machen, sie verarbeiten zu lernen und dies als notwendige Ergänzung der bestehenden Strategie der Antirassismusbewegung zu begreifen.

Direktes politisches Handeln und die persönliche Aufarbeitung des eigenen rassistisch geprägten Denkens schließen einander nicht aus. Beides hat eine spezifisch politische Bedeutung und muß miteinander verbunden werden. Antirassistisches Bewußtsein ist im Rahmen einer Befreiung vom Rassismus erst dann von Belang, wenn es zu antirassistischem Handeln führt. Ebenso trägt antirassistische Aktion nur dann zu einer Befreiung bei, wenn sie einem antirassistischen Bewußtsein entspringt.

Im abschließenden Kapitel 6 beschreibe ich die Umsetzung der zuvor entwickelten Theorie in die Praxis. In Wirklichkeit wurde die Theorie jedoch genau umgekehrt, nämlich aus der Praxis heraus, entwickelt.

Theorie und Praxis gehören für mich eng zusammen und haben einander stark beeinflußt. Im Rahmen meiner Arbeit als Ombudsfrau wie auch sonst bin ich in vielfältiger Weise mit Rassismus und Antirassismus in Berührung gekommen.

Ausgehend von noch vagen Vorstellungen habe ich Antirassismus-Workshops initiiert. In ihrem Verlauf zeichnete sich ein immer präziseres Bild der rassistischen Sozialisation weißer Menschen ab.

Das Material, auf das ich hier zurückgreife, habe ich aus den Erfahrungen der letzten zehn Jahre zusammengestellt. Aus den ersten Workshops hatte ich einige Frauen gebeten, weiterhin mit mir zusammenzuarbeiten. Als Frauenkollektiv »Kantharos« haben wir unsere Erfahrungen mit einer gewissen Systematik vertiefen und verarbeiten können.

1

Die versunkene Geschichte

Rassismus ist ein gesellschaftlich organisierter Täuschungsversuch. Ethnische Minderheiten gelten als Problemgruppen, obwohl ihre Schwierigkeiten in Wirklichkeit erst durch weiße Gesellschaften geschaffen werden. Weiße erscheinen in der Regel in einem günstigen Licht, Schwarze werden hingegen in den »schwärzesten Farben« geschildert. Ihre besonderen Fähigkeiten werden unterschlagen oder zu Stereotypen reduziert. Unsere Sichtweise schwarzer Menschen ist verzerrt und kurzsichtig; ein Blick in die Geschichte soll deutlich machen, daß es an der Zeit ist, die schwarze Bevölkerung mit anderen Augen zu betrachten.

In der Vergangenheit wurden in Afrika viele Ausgrabungen gemacht. Dabei wurden Zeugnisse einer hochentwickelten, versunkenen Kultur entdeckt. Altertumswissenschaftler suchten nach Erklärungen, die in ihr Weltbild paßten; so wurde unter anderem behauptet, daß »zivilisierte« Völker ihre Spuren in Afrika hinterlassen hätten. So besuchte beispielsweise der bedeutende Afrikakenner Frobenius 1910 Nigeria und stieß dort auf Skulpturen von ungewöhnlich hohem künstlerischen Wert. Er schrieb sie einer nicht bekannten untergegangenen griechischen Kolonie in Afrika zu – seine Spekulationen reichten sogar bis hin zu dem geheimnisvollen versunkenen Atlantis. Auf die naheliegendste Lösung, daß die Skulpturen aus Afrika selbst stammen könnten, kam er nicht. Die westlichen Vorstellungen vom »primitiven« Afrikaner sind mit der Existenz einer hochstehenden afrikanischen Kultur nun einmal nicht zu vereinbaren.

In den 50er Jahren setzt sich allmählich die Erkenntnis durch, daß die vielerorts gemachten Funde Überreste einer ausgelöschten schwarzafrikanischen Zivilisation sind. Basil Davidson trägt in seinem Buch »Africa in History«, 1968 die Forschungsergebnisse von 35 Jahren zusammen. Dieser neue Gesichtspunkt stellt die bisher gültige Geschichtsschreibung auf den Kopf. Es stellt sich heraus, daß Weiße nicht zu allen Zeiten den Mittelpunkt der zivilisierten Welt bildeten, noch daß sie als einzige auf eine hochentwickelte Kultur zurückblicken können. Die richtige Zuordnung der afrikanischen Funde zwingt zum Umdenken und zur Anerkennung einer sehr alten und wertvollen afrikanischen Kultur.

Die Entdeckung der wirklichen Vergangenheit Afrikas wirft ein ganz anderes Licht auf die Weltgeschichte. Schlußfolgerungen müssen revidiert

und das vorhandene Tatsachenmaterial muß neu gesichtet werden – auch und gerade wenn es um die Entstehung und Entwicklung des Rassismus geht. Eine Neuinterpretation macht deutlich, daß es nicht immer Rassismus zwischen Weißen und Schwarzen gegeben hat, sondern daß diese spezifische Form nicht älter als 400 Jahre ist.
Anhand der Geschichte Afrikas wird uns bewußt, daß Rassismus ausschließlich ein historisch bedingtes Phänomen ist. Die afrikanische Entwicklung steht exemplarisch für das, was auch in anderen Kontinenten mit alten Kulturen geschehen ist, Kulturen, die wir gemeinhin mit dem Etikett »primitiv« versehen.

Eine neue Sichtweise der Weltgeschichte

Sehr wahrscheinlich hat der erste Mensch in Afrika gelebt. In drei verschiedenen Gebieten des afrikanischen Kontinents wurden die bisher ältesten Spuren menschlichen Lebens entdeckt. In Äthiopien fand man das drei Millionen Jahre alte Skelett »Lucy«, in Südafrika Skelettreste, deren Alter auf zweieinhalb bis drei Millionen Jahre datiert wird, und unlängst wurde der Fund eines zweieinhalb Millionen Jahre alten Schädels in Kenia bekannt. Gerade diese letzte Entdeckung hat erneut die Diskussion darüber entfacht, ob diese unterschiedlichen Menschen in direkter Linie voneinander abstammten, oder ob man von einem gleichzeitigen Bestehen verschiedener Menschenrassen ausgehen muß. Im letzteren Fall hätte der heutige Mensch unterschiedliche Vorfahren. Da jedoch alle drei Funde in Afrika gemacht wurden, steht für Archäologen inzwischen außer Diskussion, daß unsere Vorfahren Afrikaner waren. Auch die ersten Spuren organischen und pflanzlichen Lebens wurden auf dem afrikanischen Kontinent entdeckt. Sie stammen aus einer Zeit, in der Europa noch eine große Wüste war. (Ausstellung »The Human Story«, Tropenmuseum Amsterdam, Herbst 1986)

Diodorus, ein griechischer Geschichtsschreiber, schrieb um 50 v. Chr.: »Die Schwarzen waren die ersten Menschen; Geschichtsschreiber haben dafür eindeutige Beweise.«
Reihen wir diese Fakten aneinander, erscheint es nur logisch, die allererste Zivilisation in Afrika anzusiedeln. Trotzdem werden viele Belege, die auf eine reiche afrikanische Kultur verweisen, systematisch fehlinterpretiert. Rassistisches Denken versperrt der heute alles beherrschenden westlichen Kultur den Blick auf diese Erscheinungen. Ein Beispiel sind die bis heute angeblich »rätselhaften« Übereinstimmungen zwischen bestimmten Bräuchen in

Schwarzafrika und Ägypten. Diese Übereinstimmungen bedeuten nicht, daß, wie behauptet wird, die Ägypter in anderen Teilen Afrikas waren, sondern daß schwarze Afrikaner als Siedler nach Ägypten gegangen sind. Bis vor kurzem galt beispielsweise das ägyptische Pharaonentum als die älteste Dynastie. Ausgrabungen, die in den 60er Jahren im Niltal gemacht wurden, brachten ans Licht, daß es lange vor den ägyptischen schon schwarze Herrscherhäuser gab. Überdies lassen die Funde und eine Rekonstruktion bestimmter historischer Prozesse den Schluß zu, daß das Ägypten der Pharaonen durch die Einflüsse einer wesentlich älteren schwarzafrikanischen Kultur entscheidend geprägt wurde. Seinen hohen Erkenntnis- und Wissensstand verdankt das alte Ägypten schwarzen afrikanischen Siedlern.
Ich unterscheide hier zwischen der »schwarzen« afrikanischen Kultur und der ägyptischen, obwohl letztere natürlich auch zu den afrikanischen gehört. Sie wird jedoch, da sie als Vorläuferin der westlichen Kultur gilt, niemals mit Schwarz, sondern immer mit Weiß assoziiert. Auch die alten Griechen wußten um den hohen Wert der schwarzafrikanischen Kultur. Sowohl Herodot als auch Homer sprechen von der führenden Rolle der Afrikaner; diese läßt sich unter anderem an Textstellen aus der Ilias belegen, wo berichtet wird, daß die griechischen Götter in jedem Jahr bei den Äthiopiern (hier gleichbedeutend mit schwarzen Völkern) an einem Gastmahl aller Götter teilnahmen.

Die Griechen haben, ebenso wie die Ägypter, viel von der erheblich älteren schwarzafrikanischen Kultur übernommen. Daß die antiken Kulturen Roms und Griechenlands nicht so einzigartig waren, wie ursprünglich angenommen wurde, wird von heutigen Wissenschaftlern allmählich konzediert. So schreibt Ton Lemaire in seiner »Einleitung in die Kulturphilosophie« (Inleiding in de cultuurfilosofie): »Auch muß man die Originalität der Griechen in etwas bescheideneren Dimensionen sehen, seitdem bekannt wird, wieviel sie von ihren Nachbarvölkern entlehnt haben.«
Eine wertende Unterscheidung zwischen Schwarz und Weiß fehlt nicht nur in der antiken Kultur; wir werden sie bis ins 16. Jahrhundert hinein vergeblich suchen. So wurde in Deutschland im Mittelalter beispielsweise der Heilige Moritz als Schwarzer mit nubischen Gesichtszügen dargestellt, während in Nubien Gemälde von weißen Engeln gefunden wurden, die aus derselben Zeit stammten. Eine gegenseitige Beeinflussung, die durch eine Reise Deutscher nach Nubien zu erklären ist.
Ein weiteres Beispiel ist die schwarze Madonna, die von den Christen der Ostkirche verehrt wird; und wenn einer der Drei Weisen aus dem Morgen-

land ein schwarzer König war, mag das für einen Christen des 20. Jahrhunderts schwer zu verstehen sein – einem neuen und anderen Geschichtsverständnis ist eine solche Gestalt nicht fremd.
Die Literatur des Mittelalters kennt die Gestalten der schwarzen Ritter Floris (aus »Floris und Blanchefleur« um 1300) und Moriaen (aus den Erzählungen von »Waleweine ende Lancelot«). Gleiches gilt für die Malerei bis zur Renaissance. Schwarze Menschen werden als gleichwertig dargestellt; sie tragen nicht die stereotypen Züge der Primitiven, wie sie uns heute in vielfältiger Form präsentiert werden.

Das Aufkommen des Rassismus

Dennoch lassen sich die Wurzeln des Rassismus bis ins Mittelalter zurückverfolgen. Abenteuerliche Vorstellungen von unbekannten Dingen entstehen häufig durch Unwissenheit. So wie es in unserer Zeit die phantastischsten Vorstellungen über ein Leben auf anderen Planeten gibt, glaubten die Menschen in früherer Zeit an die Existenz von Wesen mit monströsen, bellenden Hundeköpfen, Wesen, die mehr Tier als Mensch waren.
Die Angst vor der Finsternis, dem Unsichtbaren und nicht Greifbaren hat sich mit der Angst vor dem Dunklen, der Nacht und vor Schwarz verbunden. Es herrscht ein uralter Aberglaube über den Zusammenhang zwischen schwarzer Kunst, Zauberei und dem Bösen. So ist in Nordeuropa der Teufel immer schwarz.
Für sich genommen sind diese Vorstellungen nicht rassistisch, nicht direkt auf schwarze Menschen bezogen, aber sie haben den Boden für die Entstehung von Rassismus gegenüber schwarzen Menschen bereitet. Mit Absicht spreche ich hier von Rassismus gegenüber schwarzen Menschen. Selbstverständlich hat es in der Geschichte schon zu früheren Zeiten Auseinandersetzungen zwischen unterschiedlichen »Rassen« gegeben. Robinson weist nach, daß diese Konflikte vor allem auf regional, subkulturell und dialektal bedingten Unterschieden beruhten. (Robinson 1983) Demzufolge gibt es Rassismus gegenüber jüdischen Menschen. Der Antisemitismus hatte schon im Mittelalter eine lange geschichtliche Tradition. Zweifelsohne hat er die Entstehung und Verbreitung von rassistischem Denken gegenüber schwarzen Menschen beeinflußt.
Antisemitismus ist eine bestimmte Ausdrucksform von Rassismus. In einem der folgenden Kapitel wird dies ausführlicher zur Sprache kommen. Wenn nicht anders vermerkt, verstehe ich in diesem Buch Rassismus immer als Rassismus zwischen Schwarz und Weiß.

Im 15. Jahrhundert steht Europa am Ende einer Epoche, in der die Kirche die Macht an sich gerissen hatte. Im Norden waren germanische und skandinavische, im Osten slawische Völker unterworfen und bekehrt worden. Kreuzfahrer hatten wiederholt versucht, das »Heilige Land« zu »befreien«. Es bestand ein großer Bedarf an mehr Land und mehr Macht. In Europa begab man sich auf die Suche nach neuen Seewegen. Mit den ersten »Entdeckungsreisen« wurden die Grundsteine zu einer Entwicklung gelegt, die letztendlich zur Herausbildung des Rassismus führte. Die ersten Europäer landeten um 1440 an der Westküste Afrikas.
Westafrika liegt Europa am nächsten, und so wußten die Menschen hier schon einiges über die Hinterhältigkeit und Raublust der Menschen aus dem Norden. Da die westafrikanischen Länder auf dem Landweg Handel trieben, lagen ihre reichen Städte im Landesinnern. Den Europäern gelang es nicht, mit ihren starken Truppenverbänden bis dahin vorzudringen, und da die afrikanischen Könige ihrerseits große Armeen aufbieten konnten, wurden die Besucher aus Europa vor die Alternative gestellt, entweder friedlich Handel zu treiben oder in ihre Heimat zurückzukehren.

Trotz der deutlichen Übermacht der Afrikaner maßten sich die Europäer an, ihnen überlegen sein zu wollen. Ihre Überheblichkeit wurde nicht zuletzt durch die Kirche gestützt und gefördert. Der Wahn europäischer Überlegenheit prägte die Sichtweise und Wertung der Kultur und der Sitten Afrikas. Von Beginn an wurde die andersartige Kultur der afrikanischen Völker in keiner Weise respektiert. Die Europäer waren auf Siegen und Beherrschen aus – und blind für die Qualität des Lebens in Afrika. In der Folgezeit erreichten die Portugiesen als erste Europäer auf dem Seeweg Ostafrika. Sie trafen dort auf hochzivilisierte Gesellschaften, mächtige, jahrhundertealte Dynastien, eine bedeutende Architektur und Kunst, ein weitverzweigtes Verkehrsnetz, Groß- und Kleinstaaten mit hochentwickelten politischen Strukturen, die unter anderem über ein differenziertes Steuersystem und weitreichende Handelsbeziehungen bis hin nach China verfügten.
Es ist auffallend, daß bei vielen dieser alten schwarzen Gemeinwesen die Macht nicht auf dem Prinzip der Gewaltherrschaft beruhte. Den Herrschern ging es kaum darum, die Menschen in ihrer Bewegungsfreiheit einzuschränken, geschweige denn, sie in den Ausdrucksformen ihres kulturellen Lebens zu reglementieren. Ein schwarzes Reich hatte häufig gigantische Ausmaße und vereinte in seinen Grenzen eine große Anzahl von Stammesgemeinschaften, die sich in ihren religiösen und politischen Strukturen sehr voneinander unterschieden. Es waren multi-ethnische Gesellschaften.

Neben den reichen Staaten gab es Gesellschaften, die sehr enthaltsam lebten und nicht mehr produzierten, als sie für den eigenen Bedarf benötigten. Die Sozialstruktur war dementsprechend angeglichen. Natürlich kam es vereinzelt zu kriegerischen Auseinandersetzungen zwischen einzelnen Stämmen – im großen und ganzen war die Lage im Afrika des 15. Jahrhunderts jedoch schon über eine lange Zeit stabil. Die afrikanischen Länder hatten ihre Handelsbeziehungen auf dem Landweg (Westafrika) und auf dem Seeweg (Ostafrika) ausgebaut und gefestigt.
Europa hingegen führte im Namen des Christentums viele »heilige« Kriege. Vor allem in Portugal und Spanien ist der Haß auf andere Völker und der Wille, sie zu beherrschen, groß. Die zeitweise Okkupation dieser Länder durch schwarze islamische Völker hat in diesem Zusammenhang sicher eine Rolle gespielt. Die portugiesischen und spanischen Entdeckungs-, oder besser gesagt, Eroberungsreisen dienten nicht allein dem Ziel, das Christentum zu verbreiten, sie entsprangen hauptsächlich einer maßlosen Gier nach Reichtum und Macht. Und Reichtum war an der Küste Ostafrikas zu finden: es gab Gold, Kupfer, Elfenbein und Baumwolle im Überfluß.
Als erster Europäer stieß Vasco da Gama 1498 auf diese Reichtümer. Sieben Jahre später landeten die Portugiesen zum zweiten Mal an der ostafrikanischen Küste – dieses Mal mit einer beweglichen Flotte und großem militärischen Aufgebot. Der gesamte Küstenstreifen wurde erobert, ausgeplündert und dem Erdboden gleichgemacht. Jeder, der Widerstand leistete, mußte dafür mit dem Leben bezahlen.
Europa hatte in den letzten beiden Jahrhunderten ein anderes Gesicht bekommen. Im Übergang von der feudalen zur bürgerlichen Gesellschaft haben sich das Wertesystem und die bis dahin gültigen Normen drastisch verändert. Die moralischen Grundsätze der christlichen Lehre waren nicht länger bindend, an ihre Stelle traten unverhüllte Machtinteressen, die den Eroberern den Blick für die Werte der tiefverwurzelten afrikanischen Kultur versperrten. Notfalls mit Gewalt wurden den Afrikanern europäische Sitten als »zivilisatorische« Maßnahmen aufgezwungen.
Die Afrikaner, für die es selbstverständlich war, Andersdenkende zu respektieren, erlaubten den Europäern den Bau von Kirchen, während diese die afrikanischen Religionen als Götzenglauben verachteten.

Vom kleinen zum großen Übel

Sowohl in Afrika als auch in Europa gibt es seit Menschengedenken Formen von Sklaverei.
Ein Volk, das ein anderes besiegt, macht Sklaven. Diese Sklaven wurden

überwiegend für Arbeiten im Hause eingesetzt. In den meisten Fällen wurden sie von ihren Herren gut behandelt und genossen ein Ansehen, das an den Status ihres Besitzers gekoppelt war. Aufgrund bestimmter Verdienste oder durch eine Heirat war es ihnen möglich, sich freizukaufen – etwas, das im 18. und 19. Jahrhundert, zur Zeit der Versklavung ausschließlich Schwarzer, völlig undenkbar war. In Afrika galten diese Sklaven als sogenannte »entbehrliche Personen« und wurden als Geschenke oder Handelsware nach Europa verschifft. Diese schwarzen Sklaven kamen von weit her und galten somit als etwas Besonderes. Sie waren deshalb teuer und standen in einem gewissen Ansehen.
Bis in die Mitte des 17. Jahrhunderts blieb das so. Es gab in Afrika genügend Gold, Elfenbein und Gewürze zu holen. Die Afrikaner erhielten im Tausch europäische Gebrauchsgüter und vor allen Dingen Waffen.
Die Portugiesen waren die ersten, die zunächst in geringem Umfang Schwarze als Sklaven auf ihren riesigen Plantagen einsetzten. Der Versuch erwies sich als äußerst rentabel. Schon bald reichte die Einfuhr »entbehrlicher Personen« nicht mehr aus. Nach den Plünderungen und Massakern begann nun der organisierte Menschenraub. Sklaverei konzentrierte sich zunehmend auf Schwarze und bekam ein völlig anderes Gesicht.
Inzwischen gerieten auch Nord- und Südamerika unter den Einfluß Europas. Auch dort gingen als erste Portugiesen und Spanier an Land. Ebenso wie in Afrika wurde auch in Nordamerika die einheimische – indianische – Kultur von den portugiesischen Eroberern zerstört. Das Wort »indianisch« macht überdeutlich, wie beherrschend das europäische Denken ist: der Irrtum eines Columbus, der meinte, in Indien gelandet zu sein, bleibt bestimmend für die Bezeichnung der Ureinwohner Amerikas, der »Kalinjas«.

In Südamerika vernichteten die Spanier die aztekische Kultur Mexikos und die der Inkas in Peru.
Nordamerika war kein Land, mit dem es sich lohnte, Handel zu treiben, aber es war reich an Bodenschätzen und gutem Ackerland. Mit Minen und Plantagen war hier genügend Geld zu verdienen. Die ursprünglichen Bewohner, oder das, was von ihnen übrigblieb, wurden zur Arbeit gezwungen. Die Arbeitsbedingungen und der erbitterte Widerstand gegen die Eroberer führten zu einer massiven Entvölkerung des Landes. Neue Arbeitskräfte mußten in immer größerer Zahl ins Land gebracht werden. Folglich wurde in Afrika die Jagd auf Sklaven immer brutaler. Die Entführungen stießen auf Widerstand bei den schwarzen Machthabern, aber so mancher schwarze König mußte seine Kollaboration mit den Weißen nun

teuer bezahlen; um seine Herrschaft aufrechterhalten zu können, war er von den Europäern abhängig geworden. Nicht selten endete es damit, daß ein Stamm Angehörige eines anderen Stammes an Sklavenhändler auslieferte.

Die Folgen der Sklaverei

Die Sklaverei schaffte eine Verelendung im doppelten Sinne. Zum einen wurden gerade die Fähigsten und Gesündesten als Sklaven abtransportiert, und die Alten und Schwachen blieben zurück. Es begann der völlige Ausverkauf Afrikas. Die Jugend, und damit die Zukunft Afrikas, war nicht mehr da. Zum anderen wurden wertvolle Bodenschätze gegen europäische Gebrauchtsgüter und Waffen eingetauscht. Diese Form des Warenaustausches hatte für die Länder Afrikas fatale Folgen. Waffen können die Entwicklung eines Landes nicht voranbringen – im Gegenteil. Aber auch der Tausch von Bodenschätzen gegen Gebrauchsgüter höhlte den Kontinent aus. Mit Rohstoffen kann produziert, eine eigene Industrie aufgebaut werden. Sie bedeuten die Schaffung von Arbeitsplätzen; die produzierten Waren bringen Gewinne, Anerkennung und eine gestärkte Position auf dem Weltmarkt. Der Verlust von Rohstoffen macht hingegen alle Entwicklungsmöglichkeiten zunichte. Die importierten europäischen Gebrauchsgüter verhinderten zudem die Einsicht in die Notwendigkeit, eine eigenständige Produktion zu entwickeln und führten zu wirtschaftlicher Regression. Dazu kam der psychologische Effekt, die im eigenen Land hergestellten Produkte abzuwerten. »Was aus Europa kommt, ist viel besser.« Afrikanische Machthaber bereicherten sich an europäischen Gütern und schaufelten sich so ihr eigenes Grab. Die Europäer hingegen schlugen aus ihren Gewinnen Kapital und verschafften sich Vorteile für die technisch-industrielle Weiterentwicklung ihrer Länder.
Die heutige »Entwicklungshilfe« basiert noch immer auf dieser Art, Handel zu treiben. Afrika ist noch immer gezwungen, Rohstoffe auszuführen und völlig einseitig – entsprechend den Bedürfnissen der jeweiligen europäischen Länder – zu produzieren. Die eigenen und eigentlichen Produktionsinteressen können so nicht durchgesetzt werden.
Wenn »Entwicklungshilfe« so konzipiert ist, wird sie nach wie vor zur Verelendung Afrikas führen. Zur Zeit wird die Welt mit den bitteren Folgen konfrontiert: Auf der einen Seite ein extrem verarmter afrikanischer Kontinent, dessen Bewohner verhungern, und auf der anderen Seite Butterberge und Nahrungsmittelüberschüsse in Europa und den USA.

Der Kampf gegen die Sklaverei wurde erbittert fortgesetzt. Auch die massenhaft nach Nordamerika verschleppten Sklaven leisteten Widerstand, wo immer es ihnen möglich war. Es wurde stets kostspieliger, das System in dieser Form aufrechtzuerhalten. Zudem ermöglichte die fortschreitende Technisierung, mit weniger Arbeitskräften größere Profite zu erzielen. Im Laufe der Zeit wurde die Sklaverei ökonomisch immer uninteressanter. Die Antisklavereibewegung machte sich diese Entwicklung zunutze. Der Widerstand der Sklaven fand nun auch Unterstützung bei Teilen der weißen Bevölkerung, so daß der Kampf erneut und mit größerer Härte entbrannte. Stimmen mehrten sich, die sich für die Abschaffung der Sklaverei aussprachen. Letztendlich gaben wirtschaftliche Überlegungen den Ausschlag. Gleichzeitig mit dem Einsetzen der Industrialisierung kam es zur schrittweisen Abschaffung der Sklaverei. Eine ähnliche Entwicklung ist zur Zeit in Südafrika zu beobachten. Immer größere Teile der Bevölkerung unterstützen den Widerstand gegen die Apartheid. Die Antiapartheidbewegung versucht, ihren Einfluß in vielen Bereichen der Wirtschaft zu vergrößern – folglich wird auch die Beseitigung der Apartheid für Weiße zunehmend interessanter. Die europäischen Politiker können sich zwar nicht zu einem Wirtschaftsboykott entschließen, werden jedoch zu minimalen Sanktionen gezwungen. Für jede politische Bewegung kommt es darauf an, den Zeitpunkt zu erkennen, wo auch die Gegenpartei Interesse an Veränderungen zeigt, und dies für die eigenen Belange zu nutzen.
Durch die Sklaverei hat der Mythos von der Überlegenheit der weißen Rasse drei Jahrhunderte Zeit gehabt, sich in den Köpfen der Menschen festzusetzen. In weiten Teilen der Welt findet man auch heute, nach der Abschaffung der Sklaverei, noch völlig verelendete Schwarze, die kaum in der Lage sind, für ihren Lebensunterhalt aufzukommen. Familien und Stammesverbände wurden gewaltsam getrennt und über den Erdball verstreut.
Daß die reiche weiße Welt diesen unterentwickelten Menschen dringend die Segnungen ihrer Zivilisation bringen muß, liegt auf der Hand. Europa ist bereit, den nächsten Schritt zu tun.

Der Kolonialismus

Zu Zeiten der Sklaverei ließen sich immer mehr weiße Kolonialisten in Afrika nieder. Die angestammten Herrscher besaßen zu diesem Zeitpunkt zwar noch etwas Macht und Einfluß in ihren Ländern, aber das änderte sich nun rasch. Da die Profite nach der Abschaffung der Sklaverei am Ende des 19. Jahrhunderts auf andere Weise gesichert werden mußten,

wurden die schwarzen Könige zur völligen Preisgabe ihrer Souveränität gezwungen. Der Widerstand in Afrika flammte erneut auf, aber in den nun beginnenden, langandauernden kriegerischen Auseinandersetzungen wurden die Folgen der jahrelangen Ausbeutung und der systematischen Dezimierung der schwarzen Bevölkerung sichtbar.
Europa hingegen war durch die Ausbeutung Afrikas zu Reichtum gekommen, die Großmächte hatten ihre industrielle Entwicklung vorangetrieben und dadurch auch ihr militärisches Machtpotential verstärkt. Das Gleichgewicht der Kräfte war nun – zugunsten der weißen Eroberer – definitiv zerstört.
Auch in anderen Teilen der Welt gerieten die letzten Enklaven einer freien schwarzen Welt unter europäischen Einfluß. Wiederum wurden die ursprünglichen Bewohner unterworfen, ermordet oder vertrieben – so die Maori in Neuseeland und die Aborigines in Australien.
Afrika war nun fast völlig von Weißen beherrscht. Die Katastrophe, ausgelöst durch 200 Jahre Fremdherrschaft und bedingungslose Ausbeutung, nimmt gigantische Ausmaße an. Afrika ist nicht nur arm und verelendet, sondern darüberhinaus vollkommen unregierbar geworden. Überall gründeten die Kolonialisten eigene Staaten und machten sich die eroberten Gebiete untereinander streitig.
Es wurden Stimmen laut, die zur »Rettung« Afrikas auf eine Lösung drängten und die Forderung erhoben, den Kontinent nach dem Vorbild des reichen Europa in Staaten aufzuteilen. Dies geschah 1884 auf der Konferenz der europäischen Großmächte in Berlin. Es ging den Teilnehmern dieser Konferenz darum, willkürliche Grenzziehungen vorzunehmen und Gebiete abzustecken, in die noch kein Weißer je einen Fuß gesetzt hatte. Sie sprachen sich Berge, Seen und Flüsse zu, ohne genau zu wissen, wo diese lagen. (vgl. Davidson, Africa in History)
Die neue und unsichtbare Waffe im Kampf um die Vorherrschaft ist die tiefe Verachtung schwarzer Menschen, die den Europäern in den Jahrhunderten des Kolonialismus selbstverständlich geworden war. Die Weißen in Europa und Nordamerika waren daran gewöhnt, Schwarze als Sklaven zu sehen. Ein Schwarzer war in ihren Augen ein halbverhungertes, schmutziges Wesen, aggressiv und gefährlich, unfähig, sich in irgendeiner Weise zu entwickeln, nur wertvoll durch seine Arbeitskraft. Von Kultur und Zivilisation war so gut wie nichts zurückgeblieben. Rassismus hatte die Funktion, die Versklavung schwarzer Menschen zu rechtfertigen. Dies geschah von nun an öffentlich und allgemein. Rassismus fand seinen Ausdruck in der Verachtung schwarzer Menschen.

Die Rolle der Kirche und der Ideologie

Der einzige Vorsprung, den die Europäer gegenüber Afrika zum Zeitpunkt seiner Unterwerfung besaßen, bestand im Besitz von Feuerwaffen. Diese waffentechnische Überlegenheit resultierte aus den zahllosen Kriegen, nicht zuletzt auch den Kreuzzügen, die von den europäischen Ländern zur Verteidigung des heiligen Kreuzes geführt worden waren. Die Kirche hatte die christlichen Europäer gelehrt, nur Christen als gute Menschen anzusehen. Alle anderen, ob Heiden, Ketzer oder Andersgläubige, wurden als Bedrohung empfunden. Sie sollten bekehrt, unterdrückt, notfalls auch vernichtet werden.

Die Verbreitung des Christentums und der Kampf gegen Heidentum und Aberglauben dienten häufig nur als Deckmantel für das Streben nach materieller Bereicherung und weltlicher Macht. Nicht selten ging ein Priester den ausrückenden Truppen voran, die Waffen wurden vor einem Kampf gesegnet und das Kreuz neben der siegreichen Fahne errichtet. Sklaverei ist ein jahrhundertealtes Phänomen, aber nie zuvor war sie an die Hautfarbe oder ethnische Herkunft von Menschen gebunden gewesen. Daß dies sich änderte, ist wesentlich dem Einfluß der Kirche zuzuschreiben. Bis 1500 wurde von seiten der Kirche – zumindest explizit – kein wertender Unterschied zwischen Schwarz und Weiß gemacht. Auf dem Hintergrund der christlichen Lehre, daß nur der/die ein wirklicher Mensch sei, der/die sich zu dem einzig wahren Glauben bekenne, verkündete die Kirche um 1550, daß nur »Nicht-Christen« als Sklaven gehalten werden dürften. Es ist nur ein kleiner Schritt, aus »Nicht-Christen« »Nicht-Menschen« zu machen. Von nun an wurde jegliche Gewalt gegenüber diesen »Nicht-Menschen« von der Kirche toleriert, zum Teil sogar wohlwollend unterstützt.

Zur Begründung und Legitimation der Sklaverei berief sich die Kirche auf die Verfluchung Hams, des Sohnes Noahs. Auch heute noch wird die Geschichte Hams zur Rechtfertigung des Rassismus herangezogen.

Und da er von dem Wein trank, ward er trunken und lag im Zelt aufgedeckt. Als nun Ham, Kanaans Vater, seines Vaters Blöße sah, sagte er's seinen Brüdern draußen. Da nahmen Sem und Japeth ein Kleid und legten es auf ihrer beider Schultern und gingen rückwärts hinzu und deckten ihres Vaters Blöße zu; und ihr Angesicht war abgewandt, damit sie ihres Vaters Blöße nicht sähen. Als nun Noah erwachte von seinem Rausch und erfuhr, was ihm sein jüngster Sohn angetan hatte, sprach er: »Verflucht sei Kanaan und sei seinen Brüdern ein Knecht aller Knechte!« Und sprach weiter: »Gelobt sei der HERR, der Gott Sems, und Kanaan sei sein Knecht! Gott breite Japeth aus und lasse ihn wohnen in den Zelten Sems, und Kanaan sei sein Knecht!« (Genesis 9, 21-28)

Obwohl in der Genesis die Hautfarbe Hams nicht erwähnt wird – und warum sollte er anders ausgesehen haben als seine Brüder –, wird Ham in der Tradition der christlichen Lehre nicht nur als der Sünder, sondern immer auch als Schwarzer verstanden. Die Bibel ist im Laufe der Jahrhunderte stets neu ausgelegt und interpretiert worden. Nicht selten wurden Teile weggelassen oder hinzugefügt – je nachdem, wie es in den politischen Kontext der Zeit paßte. Von daher ist es interessant, sich etwas genauer mit der Geschichte dieses Bibeltextes zu befassen. Willemiyn van Riet hat im Rahmen ihrer theologischen Dissertation genaue Textvergleiche angestellt und in diesem Zusammenhang erstaunliche Fakten ans Licht gebracht. Die Geschichte von Noah entstand um 900 v. Chr. Ihre endgültige Fassung wird auf 500 v. Chr. geschätzt. Die ursprüngliche Erzählung berichtet nur von der Verfluchung Kanaans, des jüngsten Sohnes Hams, nachdem Ham seinen Vater Noah verspottet hatte. Die Geschichte weist keinerlei politische Bezüge auf, es geht allein um einen familieninternen Konflikt, in dem ein Sohn, der seinen Vater entehrt hat, von seinen Brüdern zur Rechenschaft gezogen wird. Erst in einer späteren Version kommt zur Verfluchung Hams die Segnung Sems und Japeths. Erst diese Erweiterung erlaubt es, den Text als Interpretationshilfe im historischen Kontext für das »Schicksal« von Völkern zu verwenden. Um 1600 geschah das zum ersten Mal. Unter Berufung auf diese Bibelstelle wurde sowohl die Überlegenheit der Nachfahren Sems und Japeths, der weißen Völker, legitimiert, wie die Unterwerfung der schwarzen Völker als der Nachfahren Hams.

Die »Entdeckungsreisen« führten auch innerhalb Europas zu großen gesellschaftlichen Umwälzungen. Bis zum 14. Jahrhundert war die Kirche im alltäglichen Leben der Menschen von zentraler Bedeutung. »Der Glaube« bestimmte die Gesellschaftsordnung. Wenn zu Beginn der »Entdeckungsreisen« die Verbreitung der christlichen Lehre noch das wesentliche Motiv war, wird in der Folgezeit das Streben nach materiellem Gewinn ausschlaggebend. Noch setzte die Kirche die Maßstäbe und bestimmte, was sein durfte und was nicht. Das deckte sich zwar meist, aber doch nicht immer mit den Profitinteressen. Zunehmender Widerstand gegen die Einmischung der Kirche führte letztendlich zu Spaltungen innerhalb des Christentums.

Auf Dauer mußte sich die Kirche auf ihre geistigen Aufgaben beschränken und die geschäftlichen Dinge den Handeltreibenden überlassen. War zuvor der Glaube bestimmend für die Gesellschaftsordnung, wird es nun das Geld.

Schlußfolgerungen

Die Assoziation von Schwarz mit Dunkelheit, Angst, dem Bösen und der Erbsünde hat in der abendländischen Kultur eine lange Tradition. Schwarz steht im Kontrast zum Licht und zur christlichen weißen Seele. Mit dem Rückgriff auf diese alten Vorstellungen wird Zerstörung und Gewaltherrschaft legitimiert. Um keinen Zweifel an der Rechtmäßigkeit und Notwendigkeit von Unterdrückung aufkommen zu lassen, werden die Schwarzen in den schwärzesten Farben, als primitive Barbaren dargestellt. Es ist ein Leichtes, schwarze Menschen mit Kannibalen, Kopfjägern und Primitiven gleichzusetzen und ihnen auf diese Weise jegliches Recht auf eine menschenwürdige Behandlung abzusprechen.

Das Bild schwarzer Menschen ist, da es der Rechtfertigung der jeweils herrschenden Ausbeutungsverhältnisse dient, unterschiedlich konzipiert. Zu Zeiten der Sklaverei galten Schwarze als abweichend, tierhaft und stark, in der Kolonialzeit hingegen, da der Westen sich als Vermittler seiner Zivilisation verstand, trugen sie eher die Züge des Kindlichen und Primitiven. Heute, wo die kapitalistischen Staaten ihre Industrieprodukte absetzen müssen, besinnt man sich vor allem auf die Armut der schwarzen Bevölkerung. Dieser Begriff muß allerdings hinterfragt werden. Afrikanische Wirtschaftsexperten sind der Meinung, daß die afrikanischen Länder sich durchaus selbst versorgen könnten, wenn sie nicht verpflichtet wären, das zu produzieren, was in Europa an Konsumgütern gefragt ist. Würden die europäischen Länder zudem für alles, was sie aus Afrika herausholen, den reellen Marktwert ansetzen, wäre »Entwicklungshilfe« überflüssig.

Ein Blick auf die europäische Geschichte läßt die spiralförmige Entwicklung des Rassismus erkennen. Aus Mangel an Respekt und mit der Verbreitung von Lügen entstand inhumanes Verhalten gegenüber Schwarzen; dies führte zum Verlust menschlicher Würde, der seinerseits Rassismus zu rechtfertigen schien.

Mit diesem ideologischen Erbe, das wir um 1500, zur Zeit der »Entdeckungsreisen« angetreten haben und das seit 1800, während und nach der Sklaverei, tief in unser Bewußtsein eingedrungen ist, haben wir uns heute auseinanderzusetzen. Über 400 Jahre hat rassistisches Denken tief in unsere Gesellschaft eindringen können. Es ist Bestandteil einer weltweit gültigen Ideologie und damit auch Teil unseres eigenen Denkens. Die Situation in Südafrika ist nur ein extremes Beispiel, der Hunger in großen Teilen des afrikanischen Kontinents nur eine extreme Folge von Rassismus.

Weniger extreme Beispiele und Folgeerscheinungen sind in allen Ländern der westlichen Welt zu finden. Die hohe Arbeitslosigkeit unter der schwarzen Bevölkerung, die schlechten Jobs, die an Schwarze vergeben werden, die mangelnde Präsenz Schwarzer in öffentlichen Ämtern und Spitzenpositionen, die diskriminierenden Witze und Bemerkungen, die Beschimpfungen, die Abwertung ihrer Sprache und ihrer Gebräuche, die Gewalt gegen Schwarze.
Kerwin D., ein Junge von den Antillen, der 1984 in Amsterdam ermordet wurde, ist nur einer von ihnen. Seine Geschichte wurde bekannt. Ohne die berechtigten Proteste gegen seine Ermordung abwerten zu wollen, frage ich mich, welcher Zusammenhang zwischen dem Ausmaß dieser Proteste und der Tatsache besteht, daß dieser Junge in einer weißen Familie aufgewachsen war. Wäre es schwarzen Eltern und Geschwistern gelungen, so wirkungsvoll an die Öffentlichkeit zu treten? Wäre es ihnen gelungen, mit ebensoviel Nachdruck gegen diesen rassistischen Mord zu protestieren? Wären sie überhaupt aktiv geworden, oder hätten sie sich nicht vielleicht doch aufgrund all ihrer Erfahrungen, die wir systematisch nicht wahrnehmen wollen, entmutigen lassen? Diese Vermutung verstärkt sich, wenn ich an den Fall des schwarzen Jungen denke, der im Oktober 1986 in Den Bosch vergewaltigt und mißhandelt wurde. In den Nachrichten wurde die weiße Mutter des Jungen interviewt – der schwarze Vater wurde von der Kamera nur gestreift.
Selbst im Fall des Jungen Kerwin, wo in der Öffentlichkeit Konsens über die rassistischen Motive für den Mord bestand, wurde Rassismus als Ursache des Verbrechens im juristischen Sinn nicht anerkannt. Kerwin ist zu einem Symbol (in den Niederlanden/d. Übers.) geworden – wenn er es dank seiner Eltern wurde, ist das nicht erstaunlich, sondern nur eine Folge von Rassismus.
Welche Konsequenzen können wir aus dieser anderen Betrachtungsweise der Weltgeschichte ziehen? Die Entdeckung einer »Negerzivilisation« im 15. Jahrhundert stellt keinem Schwarzen ein Zeugnis über seine Menschlichkeit aus. (vgl. Frantz Fanon, Peau noire, masques blancs) Nein, das Problem des Rassismus wird nicht dadurch gelöst, daß wir die Geschichte neu und umschreiben. Und angenommen, es gäbe all die Beweise einer alten schwarzen Kultur nicht, oder diese Erkenntnisse würden irgendwann einmal wieder revidiert? Ist Rassismus dann gerechtfertigt?
Unterdrückung ist eine schlimme Sache, auch wenn es sie zu allen Zeiten gegeben hat. Unter Berufung auf die Geschichte sein Recht einklagen zu wollen, ist ein riskantes Unterfangen, das sich schnell ins Gegenteil verkehren kann. Wir sind gegen Rassismus, weil er ein unmenschliches System ist. Das ist eine Frage der grundsätzlichen Lebensauffassung.

Trotzdem ist es für die antirassistische Bewegung wichtig, die Geschichte zu kennen. Um eine wirksame Strategie der Befreiung zu entwickeln, dürfen wir nie aus den Augen verlieren, daß das tiefverwurzelte rassistische Denken erst in den letzten 400 Jahren zu einer weltweit gültigen Ideologie geworden ist.

2

Die Theorie der gesellschaftlichen Unterdrückung

Aus der Flut unterschiedlicher Publikationen und Äußerungen, die in den letzten Jahren das Problem des Rassismus zum Thema hatten, läßt sich ein hohes Maß an Übereinstimmung in grundsätzlichen Punkten herauslesen. Diesen Forschungsstand werden wir uns in dem vorliegenden Kapitel zunutze machen, zum einen, weil richtig Gesagtes nicht wiederholt werden muß, und zum anderen, weil wir auf der Grundlage dieser Erkenntnisse unsere eigene Analyse vertiefen und erweitern können. In den folgenden grundsätzlichen Aussagen folge ich Memmi, 1983, V.d. Berg u. Reinsch 1983, Essed 1984, Bleich u. a. 1984, Kaldenbach 1986, Davis 1981.

- Rassismus ist ein struktureller Bestandteil unserer Gesellschaftsordnung. Er ist eng verbunden mit dem kapitalistischen System und seinen ökonomischen Interessen.

- Kapitalismus gründet sich auf Unterdrückung. Rassismus ist ein Teil dieses Unterdrückungssystems.

- Schlechte ökonomische Verhältnisse und die Präsenz ausländischer Arbeiter sind nicht die Ursache des Rassismus, sondern nur ein Umstand, der Rassismus besonders deutlich hervortreten läßt.
Auch wenn die Hauptursache für die Existenz von Rassismus in den ökonomischen Verhältnissen liegt, ist die »Ideologie«, das gesamte System rassistischen Denkens, der eigentliche und wesentliche Nährboden für ein Fortbestehen des Rassismus.

- Rassismus besteht auf institutioneller wie auf individueller Ebene und muß deshalb hier wie dort erkannt und bekämpft werden.

Bevor ich zur gesellschaftlichen und individuellen Analyse von Rassismus komme, einige Vorbemerkungen zu der von mir verwandten Terminologie.

Terminologie

In den 70er Jahren hat die antirassistische Bewegung, auf Initiative schwarzer Gruppen, zu einer politischen Terminologie gefunden.
Als Weiße werden all diejenigen bezeichnet, die ursprünglich europäischer Abstammung sind. Auf der Suche nach einer gemeinsamen und bindenden Bezeichnung für alle von Rassismus Betroffenen wurde der Begriff Schwarze gewählt.
Unterschiede in der Hautfarbe sind dazu benutzt worden, eine unterdrückte Bevölkerungsgruppe in sich zu spalten und ihre Angehörigen gegeneinander auszuspielen. Aus diesem Grund will die schwarze Bewegung das negativ besetzte Wort »schwarz« im positiven Sinn, als Ausdruck ihres Widerstandes, ihres Stolzes und ihrer Solidarität verstanden wissen.
Von Anfang an ist dieser Begriff kontrovers diskutiert worden. Politisch betrachtet bewährt er sich gut. Jemand, der seiner Überzeugung nach zur Zielscheibe des Rassismus wird und sich der antirassistischen Bewegung anschließt, ist auch bereit, sich mit dieser Bezeichnung zu identifizieren. Schwieriger ist es für diejenigen, die erst im Begriff sind, ein solches Bewußtsein zu entwickeln. Unterschiede der Hautfarbe sind schon so lange ein Unterdrückungsinstrument, daß es nicht wenige Menschen gibt, die – bei dem Versuch Rassismus zu entgehen – gerade stolz darauf sind, »nicht« schwarz zu sein. Infolgedessen wird es viele Schwarze geben, die sich mit diesem Begriff nicht identifizieren (wollen). Ein treffendes und trauriges Beispiel ist das, was sich während des Zweiten Weltkrieges in Indonesien ereignete. Die japanischen Besetzer trieben damals alle, die zu mehr als 50% weiß waren, in Lagern zusammen. Es ist häufig vorgekommen, daß Menschen gemischter Abstammung eher den Anteil ihrer weißen Herkunft übertrieben und damit ein entsetzliches Schicksal in Kauf nahmen, als daß sie zugaben, über die Hälfte Schwarze zu sein.
Ferner gibt es die Bevölkerungsgruppen, die in ihrer Vergangenheit kaum oder gar nicht mit Rassismus konfrontiert worden sind und erst jetzt, als ausländische Arbeiter, über denselben »rassistischen Kamm geschoren werden«. Türken, Spanier, Griechen, Armenier u.a. sind zwar weiße Europäer, werden hier jedoch den gleichen rassistischen Diskriminierungen ausgesetzt. In der schwarzen Bewegung werden sie als die »neuen Schwarzen« bezeichnet.
Auch viele politische Flüchtlinge, so beispielsweise aus Lateinamerika, haben Probleme mit dem Begriff »schwarz«. Sie haben das Gefühl, daß ihre spezifische Problematik nicht wahrgenommen wird und sie mit allen anderen in einen Topf geworfen werden.

Und schließlich leben Völker wie das chinesische oder indianische von altersher in ganz anderen Denktraditionen. In den alten indianischen Lehren wird die Erdbevölkerung vier Grundfarben zugeordnet: gelb, rot, schwarz und weiß. Die Zahl vier repräsentiert das Grundprinzip der Weltordnung. Es gibt vier Himmelsrichtungen, vier Jahreszeiten, vier Grundelemente: Feuer, Wasser, Luft und Erde.
Aus all diesen Erwägungen erweist sich der Begriff »schwarz« in der Praxis nicht immer als zweckmäßig. Infolgedessen sind eine Reihe anderer Begriffe im Umlauf, die jedoch, wenn sie nicht diskriminieren, alle nicht der Sache gerecht werden.
Eine befriedigende Lösung gibt es noch nicht, und es ist auch nicht meine Aufgabe – nicht die Sache einer Weißen –, eine adäquate Sprachregelung zu finden. So verwende ich zunächst, in Anlehnung an schwarze Gruppen, den Begriff »schwarz«. Alternativ dazu hört man auch von Schwarzen die Bezeichnungen »ethnische Gruppe« oder »Emigranten«. Obwohl natürlich auch die Niederländer eine ethnische Gruppe sind, weiß jede(r), was gemeint ist; zudem ist der Begriff nicht diskriminierend. Die Bezeichnung »farbige Menschen« (s. Philomena Essed) gefällt mir gut, ist jedoch im alltäglichen Gebrauch etwas unbequem. Aus praktischen Gründen ist der Ausdruck »Ausländer« im Alltag sehr geeignet, da jede(r) sofort weiß, wovon die Rede ist. Im übrigen sind die meisten schwarzen Niederländer der Meinung, daß dieser Begriff ihre Position besser wiedergibt als das Wort »Niederländer«.
In der BRD wird der Begriff »Ausländer« verschiedentlich in Frage gestellt und die Verwendung der Bezeichnung *Einwanderer* gefordert. Dies auf dem Hintergrund, daß inzwischen mehr als 80% der als »Ausländer« bezeichneten Menschen länger als 10 Jahre in der Bundesrepublik leben und über 60% ihrer Kinder bereits hier geboren wurden. *A. Kalpaka* und *N. Räthzel* machen darauf aufmerksam, daß mit dem neuen Begriff nicht nur dem faktisch erfolgten Einwanderungsprozeß Rechnung getragen werden soll, sondern zugleich auch die diesem Status entsprechenden Rechte gefordert werden.
Bei diesen Überlegungen gehen wir davon aus, daß alle Ausländer – in ihrer Gesamtheit und unterschiedslos – zur Zielscheibe rassistischen Denkens geworden sind. Die Ideologie, die sich zu Beginn des 16. Jahrhunderts als Rechtfertigung für die systematische Unterdrückung von Schwarzen herausbildete, läßt keine Differenzierungen zu. Jeder Mensch mit einer dunklen Hautfarbe bekommt das zu spüren, auch Europäer wie Türken, Italiener, Spanier etc. Es gibt nur eine kleine Gruppe von Ausländern, die von Rassismus ausgenommen ist: Weiße aus dem englischen, französischen und deutschen Sprachraum.

Menschen mit schwarzer Hautfarbe sind immer mit Rassismus großgeworden, selbst wenn sie in ihren »Heimatländern« aufgewachsen sind. Eine überwiegend schwarze Gesellschaft hat zwar einen ganz anderen Einfluß auf schwarze Menschen als eine mehrheitlich weiße, aber jede(r) Schwarze, wo immer er/sie aufgewachsen sein mag, kennt den großen Unterschied zwischen Schwarz und Weiß. Für manche ausländische Bevölkerungsgruppe ist diese Erkenntnis dennoch neu und irritierend.
In einem Forum über Rassismus im Amsterdamer Tropenmuseum 1982 saß eine akademisch gebildete türkische Frau. Sie lebte gerade seit einem halben Jahr in den Niederlanden. Bis zum Schluß blieb sie bei ihrer Meinung, nicht von Rassismus betroffen zu sein. Sie räumte ein, nicht verstanden zu werden, meinte jedoch, daß sich das ändern würde, wenn die Niederländer sie und ihre Landsleute besser kennenlernten. In einem anschließenden Gespräch wurde deutlich, warum sie nicht wahrhaben wollte, daß es um Rassismus ging. Es ist verwirrend und äußerst schmerzhaft zu erfahren, daß man nicht nur abgelehnt wird, weil man fremd ist, sondern weil man aus der Türkei kommt. Gerade jemand, der aus einer »besseren« Gesellschaftsschicht kommt, ist auf ein solches Verhalten nicht gefaßt.

Rassismus

Rassismus ist ein Begriff, der in den Niederlanden nicht gern verwendet wird, zumindest nicht im Zusammenhang mit dem, was hier passiert. Rassismus gibt es in Südafrika, gab es in den 50er Jahren in den USA, aber doch nicht in einem so toleranten Land wie Holland. Vor einigen Jahren wurde ich bei den Workshops, die ich leitete, regelmäßig darum gebeten, nicht das Wort Rassismus zu benutzen, da es die Leute vor den Kopf stoßen könnte. Ausdrücke wie »Diskriminierung« oder »Vorurteile« verkauften sich wesentlich besser.
In der wissenschaftlichen Diskussion hat sich der Begriff Ethnozentrismus eingebürgert, um eine spezifisch kulturelle Unterdrückung zu umschreiben.
Im Alltag und auch in den Workshops sind diese Begriffe meist zu verschwommen und verschleiernd. In Diskussionen über Rassismus lenken sie vom Wesentlichen ab und erleichtern es uns, die Augen vor der Brutalität der wirklichen Verhältnisse zu verschließen.
Anläßlich eines Studientages niederländischer Kirchengemeinden warnte Prof. Groenendiyk in seiner Eröffnungsrede davor, Begriffe wie Diskriminierung oder Rassismus allzu leichtfertig zu verwenden. Sie seien so belastet, daß die Bewertung eines bestimmten Verhaltens als diskriminierend

von der(m) Betroffenen häufig als schwere Beschuldigung aufgefaßt würde. Die Befürchtung, Schuldgefühle zu wecken, ist offensichtlich so groß, daß viele Wissenschaftler es vorziehen, den Begriff Rassismus zu umschreiben. So wurde Philomena Essed, die als erste in den Niederlanden ein Buch über den heutigen Rassismus aus schwarzer Sicht veröffentlichte, von bestimmter Seite (Frank Bovenkerk / Herman Vuysje) vorgeworfen, ungerechtfertigte Schuldzuweisungen vorzunehmen. Es ist richtig, daß Schuldgefühle nicht produktiv sind, aber wir können sie nur abbauen, indem wir eine Strategie zur Befreiung von Rassismus entwickeln, nicht indem wir das Problem verharmlosen und beiseite schieben. Ich verwende in meinem Kampf gegen Rassismus diesen Begriff ganz bewußt, denn gerade die Konfrontation schafft die Voraussetzungen für eine Analyse rassistischen Denkens.

□ RASSISMUS IST DIE SUMME ALLER VERHALTENSWEISEN, GESETZE, BESTIMMUNGEN UND ANSCHAUUNGEN, DIE DAZU FÜHREN, SCHWARZE MENSCHEN NICHT ALS GLEICHWERTIG ANZUSEHEN, SONDERN IHRE ETHNISCHE HERKUNFT ALS MINDERWERTIG AUSZUGEBEN UND SIE ENTSPRECHEND ZU BEURTEILEN UND ZU BEHANDELN. RASSISMUS BERUHT AUF EINEM UNGLEICHGEWICHT DER GESELLSCHAFTLICHEN MACHTVERHÄLTNISSE AUF ÖKONOMISCHEM, POLITISCHEM UND SOZIALEM GEBIET.

Diese Definition enthält folgende grundlegende Aussagen:

- Rassismus basiert auf ungleichen Machtverhältnissen, die infolge materieller (namentlich militärischer) Überlegenheit der einen Seite entstanden sind und ideologisch sowie durch direkte physische Repressionen aufrechterhalten werden.

- Rassismus ist ein institutionelles und individuelles Problem. Das bedeutet, daß Rassismus sowohl in den Gedanken und Gefühlen der Menschen, als auch in den gesellschaftlichen Strukturen – in Gesetzen und anderen Bestimmungen, in der politischen Hierarchie – fest verankert ist. Vor allem letzteres, die Institutionalisierung des Rassismus und deren Widerspiegelung in der Gesetzgebung, markiert den Unterschied zwischen Rassismus als einer Form von Unterdrückung und anderen Formen von Diskriminierung und Vorurteilen. Zum Beispiel begegnen wir häufig Vorurteilen gegenüber dicken Menschen, aber im Gegensatz zum Rassismus prägen diese nicht die sozialen Strukturen, Gesetze und Institutionen.

● Rassismus ist das Verhalten Weißer gegenüber Schwarzen und nicht umgekehrt. Da wir es mit einer institutionalisierten Ungleichheit der Machtverhältnisse zu tun haben, mit gesellschaftlich akzeptierter Unterdrückung, sind die Verhaltensmuster vorgegeben, schematisiert und systematisiert. Vorurteile von Schwarzen gegenüber Weißen sind eine Folge der Unterdrückung, nicht Unterdrückung selbst.

● In unserer Definition ging es um die Summe aller Verhaltenweisen und Urteile gegenüber Menschen aufgrund ihrer ethnischen Zugehörigkeit. Nicht nur negative, auch die sogenannten positiven Urteile werden dem einzelnen Menschen nicht gerecht, wenn sie pauschal gefällt werden. Eine Idealisierung ist genauso fatal wie eine Abwertung, weil in beiden Fällen die Person nicht in ihrer Eigenständigkeit gesehen wird. Allzu oft werden Menschen auf vermeintlich positive kollektive Eigenschaften der Gruppe reduziert. »Sie sind so schön«, »Sie können alle so gut tanzen«, »Sie haben alle soviel Gefühl für Rhythmus«. Ein gutes Beispiel ist der Antisemitismus, der darauf beruht, den Juden Reichtum, Macht und Einfluß zu unterstellen. In Wirklichkeit erzeugen all diese Vorurteile nur Mißgunst und Neid.

Die Rassentheorie

Solange wir zurückdenken können, haben sich unterschiedliche Bevölkerungsgruppen miteinander vermischt. Aus der Notwendigkeit zu überleben, aus Machtinteressen oder aus Liebe zueinander.
Es gibt unzählige Beispiele für die Vermischung von schwarz und weiß, selbst bei Gruppen, die sich möglichst »reinrassig« halten wollten, wie königliche oder adlige Familien. Eine bekannte Königin afrikanischer Abstammung war Charlotte Sophia, die Frau Georgs III. von England, die Urgroßmutter Königin Victorias. Eine reine Rasse gibt es nicht.
Allerdings gibt es biologische Unterschiede und die Konzentration gewisser Merkmale auf bestimmte Bevölkerungsgruppen. Nichts in der Geschichte weist jedoch darauf hin, daß diese Unterschiede Unter- oder Überlegenheit zur Folge gehabt hätten.
Wohl ist festzustellen, daß die herrschende und tonangebende Kultur zu verschiedenen Zeiten von unterschiedlichen Völkern oder Erdteilen geprägt war. Im Verlauf der uns bis heute bekannten Geschichte waren das, wie wir seit kurzem wissen, zuerst die Afrikaner, dann die Ägypter, Griechen und Römer; ihnen folgten die Europäer, und unsere gegenwärtige Kultur steht unter dem alles beherrschenden Einfluß Nordamerikas. Dieser

kurze Überblick spiegelt nur die historischen Abläufe wider, die uns bekannt sind, und er entspringt einer eurozentrischen Sichtweise. Beziehen wir die Rolle der indischen, chinesischen oder japanischen Kultur in diese Betrachtung mit ein, würden sich die Schwerpunkte sicher verschieben. Wir haben beileibe keinen Grund anzunehmen, die Dominanz der weißen Kultur sei eine »natürliche« Gegebenheit. In seinem Buch »Le Racisme« führt Albert Memmi den Nachweis, daß der Begriff der Rasse aus der Viehzucht stammt und dort eingeführt wurde, um höhere Nutzleistungen zu erzielen.

Es wäre nicht erstaunlich, wenn dieser Begriff aus demselben Grund auch auf Menschen übertragen worden wäre. Eine Einteilung der Menschen in mehrere Arten bietet die Möglichkeit, ein Wertesystem zu schaffen. Vor allem die Versklavung schwarzer Menschen hat eine Unterscheidung in Rassen notwendig gemacht. »Bis zum 18. Jahrhundert waren Vorurteile gegen Schwarze weitgehend frei von Vorstellungen über die Existenz unterschiedlicher Rassen«. (»Farbe bekennen«, S. 20)

Die Behauptung, daß es unterschiedliche menschliche Rassen gebe, erlaubt es, ein Wertesystem zu errichten und eine Bevölkerungsgruppe zum Nutzen einer anderen auszubeuten. Die Rassentheorie ist eine ungeheure und unmenschliche Lüge, die der Sklaverei zugute kam. Es gibt keine reinen Rassen und es gibt keine unterschiedlichen Rassen. Wir können höchstens sagen, daß es eine Rasse, nämlich die menschliche, gibt. Wenn wir es jedoch ablehnen, Menschen weiterhin nach ihrem Marktwert zu beurteilen, ist der ganze Begriff überflüssig geworden.

Diese Aussage läßt das Rassenproblem in einem ganz anderen Licht erscheinen. Die Rassentheorie beruht nicht länger auf der Tatsache, daß es unterschiedliche Rassen gibt, sondern allein darauf, daß die Existenz verschiedener Rassen hypothetisch ist. Die Rassentheorie ist in Wirklichkeit nichts anderes als ein ideologisches Prinzip, eine Scheinbehauptung. Für Rassisten und Faschisten gehört sie zum Unverzichtbaren ihres ideologischen Denkens – um sie ging es immer wieder in der Auseinandersetzung zwischen dem KZ-Arzt Mengele und seinem Sohn. Mengele hielt bis zum Schluß an seiner Rassentheorie fest, natürlich ohne sie in irgendeiner Form belegen zu können.

Wenn eine Meinung aufrechterhalten wird, ohne jemals bewiesen zu werden, liegen die Ursachen nicht mehr auf einer rationalen Ebene. Um eine wirkungsvolle Strategie und Gegen-Ideologie zu entwickeln, müssen alle Motive, müssen emotional und materiell bedingte Gesichtspunkte in ihrer Gesamtheit analysiert werden.

Über Unterdrückung

Unter Berufung auf die Rassentheorie und andere Unterdrückungsformen werden Menschen in unterschiedliche Kategorien eingeteilt und nach einem bestimmten Wertesystem eingestuft. Dieses Prinzip ist ein deutlicher Ausdruck der auf Profitmaximierung ausgerichteten »Teile und Herrsche«-Ideologie kapitalistischer Gesellschaften. Von daher kommt dem Begriff der Klassenherrschaft in fast allen Analysen des Rassismus zentrale Bedeutung zu; vor allem Frauen weisen in ihren Untersuchungen darauf hin, daß Rassismus und Klassenherrschaft nicht losgelöst vom Sexismus gesehen werden dürfen. (Davis 1982, Essed 1984, Kempadoo 1986) Neben diesen drei genannten gibt es jedoch noch andere Formen von Unterdrückung, die alle eng miteinander verbunden sind. Um einer Strategie der Befreiung näher zu kommen, dürfen wir keine von ihnen isoliert betrachten oder außer acht lassen.

Klassenherrschaft

Das kapitalistische Gesellschaftssystem beruht grundsätzlich auf einer Einteilung in Klassen. Der einzelne Mensch wird durch seine Stellung auf dem Markt bestimmt, ihm wird aufgrunddessen ein Wert zuerkannt, der sich einerseits in gesellschaftlicher Anerkennung, andererseits in materiellem Wohlstand widerspiegelt. Es ist kein Zufall, daß im Zusammenhang mit den kapitalistisch organisierten Arbeitsverhältnissen immer Begriffe wie niedriger, mittel und höher fallen: das niedrige Bildungsniveau der Arbeiter, die mittleren Schichten, die Spitze der Gesellschaft. Diese Wortwahl spiegelt die Unterdrückungsverhältnisse und das ausschließlich auf Verwertbarkeit ausgerichtete Denken in der Klassengesellschaft wider. Nicht von ungefähr wird der Arbeitsmarkt mit einer Stufenleiter verglichen. Man besteigt eine Leiter, um an etwas heranzukommen, das man sonst nicht erreicht. Gegenwärtig wird der Begriff Klasse nicht gern in den Mund genommen; vor allem Arbeiter hassen ihn wie die Pest, da er die hierarchischen Unterschiede betont und Spaltungen innerhalb der Gesellschaft sichtbar macht. Sicherlich spiegelt eine solche Verweigerung auch einen gewissen Protest gegen bestehende Machtstrukturen wider, nur verschleiert ein solcher Protest eher die Gegensätze, als er sie überwinden hilft. Wir schaffen sie nicht, indem wir sie beim Namen nennen, sondern machen sichtbar, was unausgesprochen und gefühlsmäßig jede(r) weiß und spürt.

Ich erinnere mich, wie meine Klasse im 6. Schuljahr aufgeteilt wurde. In die eine Klasse kamen alle Kinder, die zum Gymnasium gehen wollten, in die andere diejenigen, die später eine Hauswirtschafts- oder Hauptschule besuchten. Das erweckte den Anschein einer funktionalen Aufteilung, aber es war gleichzeitig auch eine Aufteilung nach Klassenzugehörigkeit. Die zukünftigen Schülerinnen der Hauswirtschafts- und Hauptschule kamen aus Familien mit geringem Einkommen und niedrigem Bildungsstand, die anderen aus den sogenannten »höheren« Schichten. Und natürlich wußten wir das auch.

Rassismus

Rassismus teilt die Menschen in Schwarze und Weiße ein. Er ist in besonderer Weise mit der Klassenherrschaft verbunden, weil aufgrund des Rassismus im Prinzip jede(r) Schwarze durch Arbeit ausgebeutet wurde und wird. In ihrer Gesamtheit bilden Schwarze von daher die untere Schicht der Arbeiterklasse. Ich verwende ausdrücklich Formulierungen wie »im Prinzip« und »Schwarze in ihrer Gesamtheit«, denn das kapitalistische System bietet einzelnen durchaus die Möglichkeit, »sich hochzuarbeiten«. Die Mehrheit der schwarzen Bevölkerung gehört zur Arbeiterklasse und nur ein Teil zur Mittel- oder Oberschicht.

Antisemitismus

Antisemitismus teilt die Menschen in Juden und Nichtjuden ein. Er nimmt in dieser Auflistung einen besonderen Platz ein. Juden werden zwar auch aufgrund ökonomischer Interessen unterdrückt, aber in erster Linie nicht als Angehörige der besitzlosen, sondern der besitzenden Klasse. Vorurteile gegenüber jüdischen Menschen und ihre Unterdrückung erklären sich daraus, daß ihnen Reichtum und Machtpositionen unterstellt werden. Es ist jedoch falsch zu glauben, Juden gehörten zwangsläufig zu den höheren und besitzenden Klassen, denn in Wirklichkeit gibt es eine große Anzahl, die zur Arbeiterklasse zählt. Rassismus und Antisemitismus haben insofern in ganz besonderer Weise miteinander zu tun, als Antisemitismus eine der Erscheinungsformen von Rassismus ist und beiden die Hypothese von der Existenz unterschiedlicher menschlicher Rassen zugrunde liegt, von denen die eine der anderen überlegen ist.
In Europa ist der Antisemitismus die älteste Form von Rassismus, aber ich möchte den Antisemitismus und den Rassismus nicht auf einen Nenner bringen, da sich die Unterdrückung jüdischer und schwarzer Menschen in zu vielen Punkten unterscheidet.

In erster Linie beruht die Unterdrückung von Juden auf ihrer fälschlichen Zuordnung zur besitzenden Klasse, während Schwarze gerade wegen ihrer angeblichen »Minderwertigkeit« unterdrückt werden. Juden und Schwarze nehmen von daher im gesellschaftlichen Raum ganz andere Positionen ein. Zum zweiten ist die Unterdrückung der Juden viel älter und somit auch viel tiefer in unserer Kultur verwurzelt. Zudem läßt sich das Judentum nicht auf eine bestimmte ethnische Herkunft reduzieren. Das Jüdische ist eng verbunden mit der Religion und einer spezifischen Einstellung zum Leben.

Sexismus

Sexismus ist die Unterdrückung von Frauen. Frauen sollen helfen, den Produktionsprozeß in Gang zu halten, indem sie Kinder zur Welt bringen und aufziehen, Männer versorgen, damit diese außer Haus arbeiten können, indem sie diejenigen, die zeitweise oder ganz aus dem Produktionsprozeß herausfallen, wie alte oder kranke Menschen, auffangen, und sie sollen sich als Reservearmee für jede Arbeit jederzeit zur Verfügung halten.

Heterosexismus

Heterosexismus ist die Unterdrückung Homosexueller und die erzwungene Anpassung an die Normen der heterosexuellen Moral. Diese Form gesellschaftlicher Unterdrückung verlangt von Homosexuellen, unter Androhung sozialer Ächtung, ihre »Neigungen« zu verstecken. Entlassungen aufgrund von Homosexualität sind an der Tagesordnung. Homosexualität wird immer noch als eine Krankheit angesehen, die jedoch durchaus heilbar ist. Heterosexismus bezieht sich sehr ausgeprägt auf Äußerlichkeiten und oberflächlich Sichtbares. Wir brauchen nur an Bemerkungen wie »Dir sieht man es aber wirklich nicht an« zu denken, oder an die immer wiederkehrenden gegenteiligen Behauptungen, daß man »es« jemandem durchaus ansehen könne. So berichtete ein Journalist der »Volkskrant« (große linksliberale holländische Tageszeitung / d. Übers.) anläßlich des 1. Frauenbuch-Balls von der Anwesenheit so vieler Damen mit kurzen Haaren und in Smokings »gezwängt«.

Altendiskriminierung / Ageismus

Age = Alter. Altendiskriminierung ist die Unterdrückung alter Menschen. Alte Menschen stehen nicht mehr im Produktionsprozeß, sie werden folglich abgeschrieben, werden aufbewahrt, nicht mehr ernstgenommen und oft wie Kinder behandelt.

Behindertendiskriminierung / Bodyismus

Bodyismus ist die Unterdrückung von Menschen, die geistig oder körperlich anders, beziehungsweise »behindert« sind. Auch sie werden in den entsprechenden Einrichtungen verwahrt. Diejenigen unter ihnen, die durchaus noch gesellschaftliche Funktionen übernehmen können, haben es ungemein schwer, da für sie kaum die erforderlichen Voraussetzungen geschaffen werden.

Adultismus

Adultismus beschreibt die Machtlosigkeit von Kindern gegenüber Erwachsenen. Auf Adultismus werde ich noch ausführlich zu sprechen kommen, da er die grundlegende Konditionierung bildet, die allen anderen Unterdrückungsformen, so auch dem Rassismus, vorausgeht.

Die meisten der hier genannten Formen von Unterdrückung sind nicht neu und kein spezifischer Ausdruck des westlich-kapitalistischen Systems. Sie existieren mehr oder minder ausgeprägt auch zu anderen Zeiten und in anderen Kulturen. Der Kapitalismus verfügt über sie auf die ihm eigene Weise, um seine Maxime des »Teile und Herrsche« praktisch umzusetzen.

Wann ist die Rede von Unterdrückung

Niemand wird bestreiten, daß den hier genannten Gruppen, Frauen, Homosexuellen, alten Menschen, Behinderten und Kindern mit Vorurteilen begegnet wird, aber führt es nicht etwas zu weit, in all diesen Fällen von Unterdrückung zu sprechen? Rassismus ist eine Form von Unterdrückung, weil die Ungleichheit sowohl institutionell als auch individuell verankert ist – das gleiche gilt auch für die oben genannten Formen von Unterdrückung.

☐ UNTERDRÜCKUNG BESTEHT IN GESELLSCHAFTLICH AKZEPTIERTEN VERHALTENSWEISEN UND VORSTELLUNGEN, DIE INSTITUTIONALISIERT UND DURCH GESETZE ABGESICHERT SIND.

Nicht immer ist Diskriminierung Unterdrückung

In der Diskussion über Rassismus ist häufig das Argument zu hören, daß es viele Menschen gebe, die aufgrund zufälliger Eigenschaften oder äußerlicher Merkmale diskriminiert würden. Damit wird der Protest gegen Rassismus bewußt oder unbewußt abgeschwächt, denn wenn wir alle Betroffene wären, wäre es nicht so schwer, mit diesem Problem umzugehen. Als Beispiele werden Vorurteile gegen Rothaarige, Brillenträger, (speziell in den Niederlanden / d. Übers.) Belgier, große, kleine und dicke Menschen genannt. Es ist wahr, daß gegenüber diesen und unzähligen anderen völlig unberechtigte und aus der Luft gegriffene Ressentiments bestehen, daß all diese Leute aufgrund zufälliger und äußerlicher Merkmale auf eine für sie sehr schmerzhafte und kränkende Weise beurteilt werden. Der Unterschied zum Rassismus und anderen Unterdrückungsformen liegt jedoch darin, daß diese Ansichten und Vorurteile *nicht institutionalisiert* sind, d. h., daß keinem dieser Betroffenen auf der gesellschaftlichen Ebene Vor- oder Nachteile erwachsen.
Das bedeutet nicht, daß diese Vorurteile nicht bekämpft werden müßten. Jedes Vorurteil tastet die Würde eines Menschen an – kein Vorurteil kann folglich akzeptiert werden.

Zur Funktion von Unterdrückung

In den westlichen Industriegesellschaften werden Menschen nach ihrem Nutzen, ihrem funktionalen Wert und ihrer Konkurrenzfähigkeit beurteilt. Das Unterdrückungssystem bestimmt, daß niemand an dem gemessen wird, was er wirklich ist, sondern an dem, was er zu leisten vermag. Alle von uns benannten Formen von Unterdrückung machen sich prinzipiell an dem ökonomischen Wert einer Gruppe fest, an ihrer Verwertbarkeit auf dem und zugunsten des Marktes. Geringe Verwertbarkeit ist gleichbedeutend mit gesellschaftlicher Ächtung. Wir werden unterdrückt, um von klein auf zu lernen, daß wir auf der Welt sind, um die Rolle zu spielen, die von uns verlangt wird. Unterdrückung soll den reibungslosen Ablauf dieser »ökonomischen« Erziehung garantieren. Die Entfaltungsmöglichkeiten des/der Einzelnen werden in hohem Maße durch die Herkunft bestimmt. Durch Unterdrückung dürfen wir nicht die sein, die wir wirklich sind, wir werden gezwungen, zu der/dem zu werden, zu dem/der wir werden sollen. Das Unterdrückungssystem schreibt vor, wie jemand ist, sein muß, sich zu verhalten hat. Wir können nicht anders, als den Erwartungsmustern zu entsprechen, die andere von uns entworfen haben. Das bedeutet, daß wir

aufgrund unseres Unterdrücktseins dazu kommen, uns selbst mit den Augen der Mächtigeren zu sehen, mit den Augen derjenigen, die unsere Verwertbarkeit bestimmen.
Unterdrückung reduziert den einzelnen Menschen auf sein Erscheinungsbild. All das, was sie/er an Fähigkeiten darüberhinaus besitzt, bleibt verborgen. Für Qualitäten, die nicht gefragt sind, ist kein Platz, ebensowenig wie für Menschen, die unter die Gesetze des Marktes nicht subsumierbar sind. Von außen gesetzte Normen bestimmen, was wir sein müssen, wie wir den allgemeinen Regeln entsprechend zu sein haben. Wenn wir uns diese Normen zu eigen machen – und dazu sind wir um den Preis des Überlebens gezwungen –, wissen wir selbst nicht mehr, wer wir eigentlich wirklich sind oder sein könnten. Sätze wie »So ist es nun mal« oder »So bin ich nun mal« zeigen, daß das individuelle Bewußtsein und die gesellschaftlichen Unterdrückungsnormen deckungsgleich geworden sind. Die Identifikation mit der zugewiesenen Rolle verdeckt die Unterdrückungsstrukturen; gesellschaftliche Unterdrückung manifestiert sich in der Person selbst.

Unterdrückung bleibt an der Oberfläche

In meiner Definition betone ich, daß rassistisches Denken Menschen auf ihre ethnische Herkunft reduziert und die Gesamtpersönlichkeit eines Individuums ignoriert. Es ist zu bemerken, daß sich Unterdrückung immer an äußerlichen Merkmalen, am Erscheinungsbild festmacht. Das ist keineswegs erstaunlich, leben wir doch unter gesellschaftlichen Bedingungen, in denen allein die ökonomische Verwertbarkeit des Menschen zählt, das, was Gewinn bringt, das, was Menschen mit ihren Händen, ihrem Kopf, ihrem Körper zu leisten imstande sind – das nach außen hin Sichtbare also. Der gesellschaftliche Wert liegt nicht im Wert unserer Persönlichkeit, sondern in unserer Verwertbarkeit für das Kapital. Die sozialen Unterdrückungsmechanismen sollen die Garanten für eine möglichst weitgehende Identifizierung der/des Einzelnen mit seinem gesellschaftlich bestimmten Wert sein.
Menschen werden im Hinblick auf das, was von ihnen erwartet wird, erzogen und diszipliniert. Sie lernen, sich vor allem an den äußeren Erscheinungsbildern auszurichten, an dem, was zählt.
Es wird gern gesehen, wenn vor allem Jungen schon sehr früh wissen, was sie werden wollen. Beim Kennenlernen lautet die wichtigste Frage: »Was machst du?« Je höher unser Platz in der sozialen Hierachie ist, desto nahtloser passen wir uns an, desto stärker ist auch die notwendige Identifikation.

Arbeiter in Fabriken und Kleinbetrieben werden versuchen, ihre Arbeit nach Feierabend zu vergessen, aber Anwältin oder Ärztin oder Ombudsfrau das »bist« du auch noch nach fünf Uhr abends. Arbeiter identifizieren sich weitaus weniger mit dem, was sie tun; ihre Arbeit ist unbefriedigend und verschafft ihnen kein Sozialprestige oder die Chance eines gesellschaftlichen Aufstiegs. Diese Aussichtslosigkeit bedeutet eine noch massivere Bedrohung des Selbstwertgefühls. Wenn wir uns völlig mit den Erscheinungsformen identifizieren, sind wir im Netz des kapitalistischen Systems gefangen und verlieren unser Selbst-Bewußtsein. Das Äußere wird zum Wesentlichen. Menschen sind jedoch mehr als das, was sie nach außen hin darstellen, mehr als das, was sie tun. Niemand ist nur schwarz oder weiß, Frau oder Mann, alt oder jung, homo- oder heterosexuell. Auch wenn wir die Herkunft und die Summe aller äußeren Merkmale eines Menschen zusammennehmen, bleibt ein Rest unverwechselbarer Individualität, der sich uns entzieht. Wir sind mehr als die Summe aller benennbaren Merkmale, mehr als nur ihr äußeres Erscheinungsbild, wir haben auch eine innere Dimension.

Dieses Innere, dieses »spezifisch Menschliche« hat in fast allen Religionen oder Philosophien einen Namen. Die christliche Religion spricht von einer unsterblichen Seele, die über das Körperliche hinaus existiert. Die Juden umschreiben es mit »nesjomme« und glauben an seine Reinkarnation, eine Überzeugung, die in viele Religionen oder Philosophien Eingang gefunden hat. Die Lehre der Reinkarnation basiert auf dem Glauben, daß der Körper nur die vergängliche Hülle eines Geistes ist, der mehrere Daseinsformen annimmt. In Surinam hat er den Namen »jeje« oder »kra«, in Indien »chi«. In jedem Fall benennen sie den Unterschied zwischen Körper und Geist, zwischen Innerem und Äußerem.

Im Kapitalismus besteht kein Interesse an diesem »Inneren«, denn es läßt sich nicht vermarkten und zu Geld machen. Ein Teil der menschlichen Persönlichkeit entzieht sich dem kapitalistischen Verwertungssystem und kann nicht von ihm vereinnahmt werden. Selbst wenn dieser Teil verschwindend klein, verletzt oder durch die Unterdrückungsverhältnisse völlig verdeckt ist, bleibt jedem Menschen ein Rest inneren Selbstwertes. Es ist eine Frage der inneren Stärke, wie weit der Zugriff von außen wirkt. Das Wissen um den Selbstwert, den inneren Wert, kann verloren gehen, der Selbstwert an sich bleibt jedoch erhalten. Er repräsentiert das, was wir in unserem tiefsten Inneren sind, das, was über das Körperliche hinaus existiert. Das kann uns niemand nehmen.

Das Wesentliche des Menschen, sein Kern, sein Selbstwert, bleibt erhalten und unversehrt. Es ist dies Wesentliche, das immer nach einem Ausweg suchen wird. Es leistet Widerstand gegen Unterdrückung und ist auf der Suche nach Befreiung und Freiheit. Es verhindert, daß sich Menschen niemals ganz und niemals endgültig ergeben werden und läßt sie immer nach der »eigenen Wahrheit« suchen. Solange es Unterdrückung gibt, wird es auch Widerstand geben, auch wenn er nicht immer gleich sichtbar wird.

□ Im Innern des Menschen, in dem, was Menschen wesentlich bestimmt, liegt die revolutionäre Kraft zur Veränderung. Dieses revolutionäre Potential ist in jedem Menschen zu jeder Zeit.

Die Struktur der gesellschaftlichen Unterdrückung

Menschen werden in erster Linie nach ihrem gesellschaftlichen Nutzen beurteilt. Die ökonomische Norm der westlichen Industriestaaten fordert den produzierenden Menschen. Die Einteilung in verschiedene Gruppen erfolgt entsprechend den Kriterien von Nützlichkeit und Verwertbarkeit. Die ökonomische Unterdrückung, die Unterdrückungsmechanismen im Rahmen des Produktionsprozesses sind die Grundlage der Unterdrückungsstruktur.
Es gibt drei Formen von Unterdrückung: Klassenherrschaft, Rassismus und Antisemitismus, die in einem direkten Zusammenhang mit dem Produktionsprozeß – d. h. mit der Verwertbarkeit der Betroffenen im Rahmen des Produktionsprozesses – stehen. Klassenherrschaft führt zur Errichtung der »Teile und Herrsche«-Pyramide, Rassismus setzt die Arbeitskräfte für am schlechtesten bezahlte und am wenigsten anerkannte Arbeiten frei, und der Antisemitismus macht die Juden zu den ewigen Sündenböcken. Sie gehören immer zuerst zu den Schuldigen, wenn die Mächtigen attackiert werden. Ein Einzelbeispiel sind die Angriffe von Krakern (Hausbesetzern) auf die Person des Amsterdamer Bürgermeisters, dem sie seine jüdische Abstammung zum Vorwurf machten – als stünde das in irgendeinem Zusammenhang mit seinem politischen Handeln. Im Großen zeigte es sich, als Hitler den Juden die Schuld am wirtschaftlichen Niedergang in die Schuhe schob.
Die anderen Formen von Unterdrückung beruhen, gerade umgekehrt, auf dem Herausfallen bestimmter Gruppen aus dem Produktionsprozeß.
Schematisch sieht die Struktur gesellschaftlicher Unterdrückung wie folgt aus:

Schema I

Unterdrückung, die auf Produktivität beruht	Unterdrückung, die auf Nicht-Produktivität beruht
Klassenherrschaft Rassismus Antisemitismus	Bodyismus Sexismus Heterosexismus Altendiskriminierung Adultismus

Zur Notwendigkeit dieser Überlegungen

Es wird immer wieder Kritik an einer so genauen Differenzierung unterdrückter Gruppen laut – sie sei zu einseitig nur auf die Betonung der Unterschiede bedacht. Ganz zu schweigen von jenen bedauernswerten Menschen, die dadurch von soviel Unterdrückung gleichzeitig betroffen sind. Es gibt in der Tat Menschen, die verschiedenen Formen von Unterdrückung ausgesetzt sind. Du kannst Frau, schwarz, jüdisch, lesbisch, behindert und alt in einer Person gleichzeitig sein, und damit auch von allen dazugehörigen Formen von Unterdrückung betroffen. Die Frauenbewegung wird seit einigen Jahren zunehmend mit dieser Problematik konfrontiert. Es zeigt sich, daß es nicht möglich ist, alle Frauen unter dem großen gemeinsamen Nenner des »Frau-Seins« zusammenzubringen. Wo große Gruppen von Frauen zusammenkommen, zeigen sich wesentliche Unterschiede. Die Frauenbewegung stößt an Grenzen; der Stolperstein sind die unterschiedlichen Formen von Unterdrückung. Daß die Frauenbewegung mehrheitlich aus weißen, gesunden Mittelklassefrauen im Alter zwischen 25 und 40 Jahren besteht, ist ein deutlicher Verweis auf Rassismus, Klassenherrschaft und die Unterdrückung behinderter und alter Frauen. Die Frauenbewegung hat auf Kritik von links immer mit dem Argument reagiert, daß es keinen Sozialismus ohne Feminismus geben könne, aber auch die feministische Bewegung kann auf andere Befreiungsbewegungen nicht verzichten. Schwarze Frauen sagen immer wieder, daß sie das Gefühl hätten, sich zwischen der Frauenbewegung und der schwarzen Bewegung entscheiden zu müssen, wo sie doch beides wären, Frau und Schwarze. (Ähnliche Kritik wurde auf dem ersten gemeinsamen Kongreß »ausländischer« und deutscher Frauen an der deutschen Frauenbewegung

geäußert. Vgl. hierzu: »Arbeitsgruppe Frauenkongreß (Hg): Sind wir uns denn so fremd? Ausländische und deutsche Frauen im Gespräch«, Berlin 1985)
Die meisten der Gruppen, die einen Befreiungskampf führen, sind zu fixiert auf ihre eigene Problematik und schränken sich damit in ihrer Wirksamkeit ein. In der klassischen linken Theorie hatte der Klassenkampf stets die Priorität, alles andere sollte sich in der klassenlosen Gesellschaft quasi von selbst regeln. Wenn es jedoch nur um eine einzige Form von Unterdrückung ginge, könnte es nicht so schwierig sein, sich zu befreien. Alle Unterdrückten würden sich zusammenschließen, organisieren, sich erheben und das Heft in die Hand nehmen. Trotz einer entwickelten Klassenanalyse und Revolutionstheorie ist das jedoch nie gelungen – zumindest niemals wirklich gelungen. Einer der Gründe liegt darin, daß die anderen Formen von Unterdrückung in ihrer wechselseitigen Bedingtheit nie genügend Beachtung gefunden haben. Alle Formen von Unterdrückung sind eng miteinander verbunden, und jede unterdrückte Gruppe ist ein Spiegelbild aller bestehenden Unterdrückungsformen. Betrachten wir die Gruppen getrennt, sieht das beispielsweise so aus:

Schema II

Frauen	Schwarze
Klassenherrschaft	Klassenherrschaft
Rassismus	Sexismus
Antisemitismus	Antisemitismus
Heterosexismus	Heterosexismus
Bodyismus	Bodyismus
Adultismus	Adultismus
Sexismus	Rassismus

Jede Befreiungsbewegung muß sich darüber klar werden, daß ihre Angehörigen auf unterschiedliche und vielfältige Weise unterdrückt sind. Eine Organisierung kann nur dann gelingen, wenn diesen Unterschieden Rechnung getragen wird, und sich dies in Inhalt und Form der Organisation niederschlägt. Es ist das Verdienst der Frauenbewegung, die hier einen Anfang gemacht hat, daß es allmählich zu einem Umdenken kommt. Auf dem nationalen Lesbentreffen in Leeuwaarden 1984 waren schwarze, weiße, junge, alte und behinderte lesbische Frauen zusammengekommen. Jede Gruppe fand die Voraussetzungen vor, die ihr eine Teilnahme ermöglicht hatten.

3
Die Theorie der individuellen Unterdrückung

In unserer Definition von Rassismus haben wir festgehalten, daß Rassismus auch ein individuelles Problem ist und Eingang gefunden hat in die Gedankenwelt jeder/s einzelnen. Gegenwärtig ist dieser ideologische Bereich sogar der fruchtbarste Nährboden für das Fortbestehen rassistischen Denkens.

Es ist im wesentlichen die Gedanken- und Gefühlswelt, die den Rassismus weiterbestehen läßt und strukturellen Veränderungen entgegenwirkt. Ideologie wird zwar kollektiv organisiert, kommt jedoch erst auf der individuellen Ebene voll zum Tragen. Rassismus gibt es, weil er von Individuen praktiziert, und obwohl er von Individuen bekämpft wird.

Rassismus ist ein kollektives Gedankensystem; er setzt sich aus individuellen Vorstellungen zusammen und existiert sowohl in Abhängigkeit wie auch unabhängig vom einzelnen. Für eine Befreiung vom Rassismus muß es kollektiv zu Veränderungen auf der individuellen Ebene kommen, zu einem kollektiv-individuellen Bewußtseinsprozeß. Wir müssen einen Blick für die individuellen Auswirkungen kollektiver Sozialisation bekommen. Diejenigen, die politisch aktiv sind, fürchten noch immer, die Gesellschaft und ihre Strukturen aus den Augen zu verlieren, wenn das Individuelle in den Mittelpunkt des Interesses rückt. Die Angst, ins Therapeutische zu verfallen ohne die politischen Aspekte zu berücksichtigen, ist groß.

Die Frauenbewegung hatte vor einer Anzahl von Jahren die Losung »Das Persönliche ist politisch.« Die Analyse der gesellschaftlichen Stellung der Frau aus feministischer Sicht machte deutlich, wie Unterdrückung im individuellen Fall aussieht. Diese Erkenntnisse machten es möglich, an die direkten Interessen vieler Frauen aus unterschiedlichen Bereichen anzuknüpfen und somit Perspektiven für einen breiteren Zusammenschluß zu finden. Der individuelle Kampf geht dem kollektiven voraus. Für eine breite Organisierung gegen jegliche Form von Unterdrückung, so auch gegen den Rassismus, ist die Herstellung eines Zusammenhangs zwischen dem Persönlichen und dem Politischen eine Grundvoraussetzung. Legen wir in unserer Analyse des individuellen Sozialisationsprozesses den Schwerpunkt auf die Herausbildung rassistischen Denkens, werden sich daraus Anknüpfungspunkte zur Entwicklung einer Strategie ergeben, die den kollektiven und individuellen Widerstand gegen Rassismus zum Ziel hat. Der erste wichtige Schritt auf diesem Weg besteht darin, der zentralen Bedeutung der Kindheit nachzugehen und den Stellenwert anderer Unterdrückungsformen im Verlauf des Sozialisationsprozesses herauszufinden.

Adultismus

Es erscheint ungewöhnlich, von Kindern oder jungen Menschen als einer unterdrückten Gruppe zu sprechen; noch dazu in einer Zeit, in der ein »Mitspracherecht« junger Menschen allgemein akzeptiert ist, erscheint diese Behauptung widersinnig. Betrachten wir jedoch die gesellschaftliche Position junger Menschen, so fällt auf, daß sie keine gesetzlich festgeschriebenen Rechte besitzen und über keine eigenen finanziellen Mittel verfügen. Allein aufgrund dieser beiden Faktoren sind Kinder in hohem Maße abhängig von ihren Eltern und Erziehern; sie besitzen keinerlei gesellschaftliche Macht.

Das Hauptargument, Kindern keine gesellschaftliche Macht einzuräumen, liegt in der Behauptung, daß Kinder nichts können und alles noch lernen müssen. Das Wort »Kind« ist in unserem Sprachgebrauch häufig negativ besetzt, denkt man an Begriffe wie »kindlich« oder »kindisch«. Es gibt deshalb unter den Jüngeren viele, die dieses Wort bewußt vermeiden und konsequent von »jungen Menschen« sprechen, wenn es um die Bevölkerungsgruppe zwischen 0 und 18 geht. Obwohl es folgerichtig wäre, diese Terminologie in einem Buch wie diesem zu verwenden, habe ich mich anders entschieden. Der Begriff »junge Menschen«, so wie er verstanden werden will, ist noch zu wenig eingebürgert, um nicht zu Mißverständnissen zu führen.

Es ist ein großer Irrtum zu glauben, daß Kinder wehrlos und unmündig auf die Welt kommen. Gerade bei sehr kleinen Kindern und Babys kann die Persönlichkeit noch offen und unverstellt hervortreten. Kinder haben ein angeborenes Vertrauen zu sich selbst und anderen, sie erfassen intuitiv sehr genau, was gut ist und was nicht.

Würden die Erwachsenen diesen Fähigkeiten mehr vertrauen und sie durch ihr »Faktenwissen« unterstützen, wären Kinder zu viel mehr in der Lage, als wir uns heute vorstellen können. Leider sagen wir Kindern gegenüber viel zu oft, daß sie dieses oder jenes nicht könnten, daß sie noch zu klein seien. Wir erledigen zu viele Dinge für sie und nehmen ihnen damit jede Eigeninitiative aus der Hand. Wenn Kinder wissen, was gut ist für sie, gelten sie schnell als vorlaut, ungehorsam und lästig.

Weil Kinder noch viel lernen müssen, werden sie von Erwachsenen nicht ernstgenommen, ihre Fähigkeiten werden systematisch unterschätzt und sie werden nicht als vollwertige Persönlichkeiten akzeptiert. Obwohl sie inzwischen ein wenig mitreden und mitdenken dürfen, hat sich an ihrer Position grundlegend nicht viel geändert. Guus Kuijer gibt in seinem Buch »Het geminachte kind« (Das verachtete Kind) viele Beispiele, die belegen, wie Kinder systematisch abgewertet werden. In bestimmten Redewendungen wie »Du benimmst dich wie ein Kind« oder »Sei nicht so kindisch« spiegelt sich das allgemeine Denken über Kinder sehr genau wider.
Innerhalb der Familie, in Schulen und allen anderen Bereichen, wo Kinder zusammenkommen, sind Abwertung und Mißachtung institutionalisiert.
Im allgemeinen wollen Erwachsene »nur das Beste« für ihre Kinder. Sie verfügen über Wissen und Erfahrung, um ihnen die notwendige Unterstützung geben zu können. Die Gesellschaft bestimmt jedoch, was für ein Kind am besten ist; sie fordert eine Erziehung, die der zukünftigen sozialen Stellung eines Kindes Rechnung trägt – einer sozialen Stellung, die abhängig ist von der Klassenzugehörigkeit, der ethnischen Herkunft und dem Geschlecht.
Kinder können haarscharf zwischen gut und böse unterscheiden. Diese Fähigkeit macht sie zu natürlichen Feinden einer unterdrückerischen Erziehung, die das Produkt gesellschaftlicher Restriktionen ist. Es wird folglich immer zu sichtbaren oder unsichtbaren Konflikten zwischen Kindern und Erziehern kommen. Kinder widersprechen, weigern sich zuzuhören, werden frech, und wenn der Druck sehr groß ist, wütend. Dieser Ungehorsam ist ein Signal gesunden Menschenverstandes und ein Aufbegehren gegen Unterdrückung. Ein Kind ist nicht aufsässig, weil es etwas nicht versteht, sondern weil es den Sinn in Frage stellt.
Es gibt zwei wesentliche Gründe, die es Erwachsenen so schwer machen, Kinder als vollwertige Menschen zu akzeptieren.
Zum ersten haben alle Erwachsenen eine Kindheit hinter sich, in der sie nicht ernstgenommen und unmündig gehalten wurden. Eine solche Erziehung führt zu einer so starken Konditionierung, daß wir ständig auf der Hut sein müssen, um die eigenen Erfahrungen nicht automatisch zu reproduzieren. Alle Eltern ertappen sich oft dabei, wie sie ohne weiteres ihre Kinder mit denselben Worten zur Ordnung rufen, die sie von ihren eigenen Eltern übernommen haben.
»In seinen neugierigen Augen begegnen sie der eigenen demütigenden Vergangenheit und müssen sie mit der nun erlangten Macht abwehren.« (Alice Miller)

Zum zweiten geraten die Erziehenden in einen emotionalen Konflikt, wenn sie sich fragen, was das Beste für ihr Kind ist. Es gilt, einen Mittelweg zu finden zwischen dem, was ihnen selbst optimal erscheint und dem, was die anderen für das Beste halten. Niemand will ein sozial unangepaßtes Kind in die Gesellschaft entlassen. Aus diesen beiden Gründen wird im allgemeinen der kindliche Widerstand gebrochen, Ungehorsam bestraft, Gehorsam entsprechend belohnt. Da ein Kind Anerkennung und Belohnung braucht, wird es früher oder später gezwungen sein, seinen Widerstand aufzugeben und sich anzupassen.

Früh gelernt – alt gewohnt

Im Verlauf des Erziehungsprozesses kommt es zu wesentlichen Veränderungen der kindlichen Persönlichkeit. Erzwungene Anpassung stellt die Selbstachtung, das Vertrauen in andere und den unverstellten Blick für gut und böse in Frage. Das Selbstvertrauen weicht der Angst zu versagen, Mißtrauen tritt an die Stelle von Vertrauen. Auf diese Weise wird in der Kindheit der Grundstein für spätere Formen von Unterdrückung gelegt. Zum ersten Mal kommt es zu der Erfahrung, daß es Mächtige und Machtlose gibt. Indem wir lernen, die eigene Ohnmacht zu akzeptieren (weil es das Beste für uns ist), entsteht das Bedürfnis, eigene Machtpositionen zu erobern, entsteht der Wunsch, einen Raum zu schaffen, in dem wir die/der Überlegene sind. Vierjährige können Dreijährige schon ebenso beherrschen, wie sie selbst von ihren Eltern beherrscht werden – und wieviele Puppen und Lieblingstiere werden bestraft und bekommen einen Klaps? Im Abreagieren der eigenen Frustrationen werden die ersten Machtpositionen eingenommen. Alice Miller beschreibt die Erfahrung eines dreijährigen Jungen, der zusehen muß, wie seine Eltern ein Eis essen, das für ihn »viel zu kalt ist«. Sie schließt daraus: »Es ist auch nicht daran zu zweifeln, daß unser kleiner Junge in 20 Jahren, oder früher schon mit Geschwistern, seine Geschichte mit dem Eis nochmals spielen wird, aber sicher wird *er* dann der Besitzer sein und der andere das hilflose, neidische, ohnmächtige kleine Geschöpf, das man nun endlich nicht mehr in sich tragen muß, sondern abspalten und draußen plazieren kann.«
Adultismus ist im Rahmen unserer Betrachtung die einzige Form von Unterdrückung, der jede(r), ungeachtet ihrer (seiner) Klassenzugehörigkeit und Hautfarbe ausgesetzt war.
Wir waren alle Kinder und wurden als »Kind« behandelt; wir haben die Ohnmacht am eigenen Leibe erfahren. Wir wissen alle, was es heißt, abhängig zu sein und falsch beurteilt zu werden. Wir alle kennen das

Bedürfnis, bewußt oder unbewußt, Macht auszuüben, um uns auf diese Weise unser Recht zu verschaffen. Adultismus legt, ausgehend vom Individuum, das Fundament für unterdrückerisches Verhalten. Er ist die am tiefsten verwurzelte Ursache von Machtlosigkeit, die ihrerseits zu Unterdrückung führt.

»Und am Ursprung jeder Verachtung, jeder Diskriminierung, ist die mehr oder weniger bewußte, unkontrollierte und von der Gesellschaft (...) tolerierte Machtausübung des Erwachsenen über das Kind.«

☐ Adultismus zeigt, dass Menschen unterdrücken, weil sie selbst unterdrückt werden.

Die Struktur der individuellen Unterdrückung

Im vorangegangenen Kapitel haben wir eine Strukturierung der verschiedenen Formen von Unterdrückung vorgenommen und dabei deutlich gemacht, wie sie im gesellschaftlichen Kontext zu sehen sind. Ein ähnliches Schema läßt sich auch dann skizzieren, wenn wir die Unterdrückung des Individuums betrachten. Im Mittelpunkt individueller Unterdrückung steht der Adultismus; ihm lassen sich alle anderen Formen von Unterdrückung zuordnen. Schematisch sieht das wie folgt aus:

Schema III

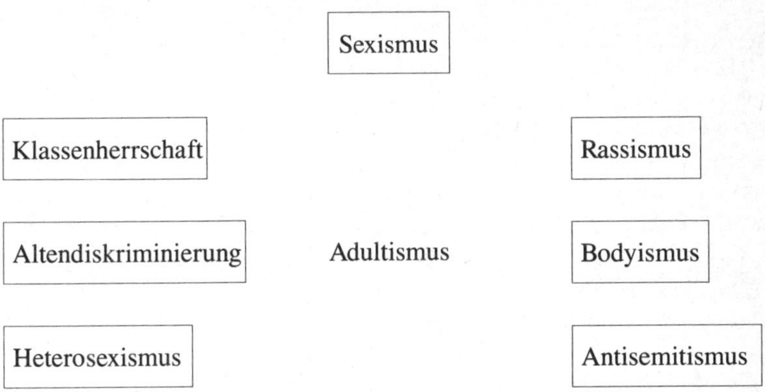

Obgleich Bedeutung und Reichweite der verschiedenen Formen von Unterdrückung individuell von vielen unterschiedlichen Faktoren abhängen können, muß jede Unterdrückungsform auch und vor allem in ihrer gesellschaftlichen Relevanz gesehen werden. Daher spielen Rassismus, Klassenherrschaft und Sexismus auch im individuellen Bereich die wichtigste Rolle.
Die fundamentale Einteilung der Gesellschaft ist die in Klassen. Sie weist Kindern die Möglichkeiten zu, die ihre weitere Zukunft bestimmen.
Der Unterschied aufgrund von Hautfarbe und Geschlecht ist deshalb so grundlegend, weil es sich hier um »primäre Merkmale« handelt – eine nicht zu leugnende oder auf irgendeine Weise zu kaschierende Tatsache.
In einem Interview mit einer schwarzen Rechtsanwältin kommt dies ganz deutlich zum Ausdruck. Wegen ihrer dunklen Hautfarbe wurde sie vor Gericht regelmäßig für die Mandantin und nicht für die Anwältin gehalten.
Umgekehrt verhält es sich genauso. In Ländern mit schwarzer Bevölkerung werden Weiße, ungeachtet ihrer Klassenzugehörigkeit oder gesellschaftlichen Position, so respektvoll empfangen und behandelt, als seien sie den Einheimischen überlegen – und das geschieht nicht nur aus Gastfreundschaft. Ein weiteres Beispiel ist Südafrika. Hier hatten sich seinerzeit Holländer der untersten gesellschaftlichen Schichten angesiedelt. Nur weil sie Weiße waren, ist es ihnen »gelungen«, ein rassistisches System zu errichten.

Unterdrückungsprozesse laufen selbstverständlich nicht genau parallel und getrennt voneinander ab. Sie sind kontrovers, überschneiden sich, vollziehen sich gleichzeitig und beeinflussen einander. Die Art und Weise, in der sich Unterdrückung letztendlich im individuellen Fall ausdrückt, ist abhängig von der Gesamtheit der Unterdrückungsfaktoren. Darunter ist etwas anderes zu verstehen als nur die Summe der verschiedenen Formen von Unterdrückung. In diesem Sinne wandte sich Mavis Carrilho anläßlich der Wahlen im April 1986 während einer Frauendebatte im Amsterdamer Frauenhaus gegen das rein additive Verfahren, das von den meisten Parteien praktiziert wird. Ein Kapitel zum Feminismus und ein Kapitel zum Antirassismus in die Parteiprogramme mit aufzunehmen ist noch keine Garantie für eine feministische oder antirassistische Politik.
Unterdrückung ist ein integrierter Prozeß, und Befreiung wird das auch sein müssen. Schwarze Frauen werden nicht doppelt unterdrückt, sie werden als schwarze Frauen unterdrückt.
Obwohl Adultismus eine Anzahl von Grundelementen enthält, die für alle Menschen gleich sind, sieht er in der Praxis in jeder sozialen Schicht anders aus, bei Mädchen noch einmal anders als bei Jungen, bei Weißen anders als bei Schwarzen.

Auch Sexismus ist für Weiße etwas anderes als für Schwarze und wird je nach Klassenzugehörigkeit unterschiedlich erfahren. Gloria I. Joseph und Jill Lewis analysierten aus feministischer Sicht die Unterschiede zwischen weißen und schwarzen Frauen (Joseph und Lewis, 1981). Das Charakteristische des Heterosexismus besteht darin, daß wir alle heterosexuell erzogen werden, auch Homosexuelle. Die heterosexuelle Konditionierung verläuft jedoch bei Mädchen anders als bei Jungen.
Überdies wird die Analyse des individualpsychologischen Unterdrückungsprozesses dadurch erschwert, daß auch »Zufälligkeiten« große Auswirkungen auf das jeweilige Individuum haben können. Es macht einen Unterschied, ob jemand die Älteste oder Jüngste in einer Familie ist, und ob jemand in einer Zeit gesellschaftlicher Prosperität oder allgemeiner Rezession aufwächst. Zudem kann ein und dasselbe Ereignis individuell sehr unterschiedlich erfahren werden.
So kann letztendlich dieselbe Form der Unterdrückung bei jedem einzelnen völlig anders aussehen. Darin liegt einer der Gründe, die es den Angehörigen unterdrückter Gruppen so immens schwer machen, einander als solche zu erkennen, und es erklärt unter anderem, warum es immer Schwarze geben wird, die sich nicht als Schwarze unterdrückt fühlen oder Frauen, die meinen, sie kämen als Frauen nicht zu kurz.

4

Rassismus-Sozialisation

Eine der Schlußfolgerungen aus dem Vorangegangenen lautet, daß wir von klein auf mit allen Formen von Unterdrückung konfrontiert werden. Alle Lernprozesse beginnen in der Kindheit, die Herausbildung rassistischen Denkens bildet da keine Ausnahme. Es ist, ebenso wie die übrigen Formen von Unterdrückung, mit allen Lebensbereichen verknüpft, mit den gesellschaftlichen Strukturen, Institutionen und Gesetzen, mit unserem gesamten Denken und Handeln. Die Erziehung spielt eine wesentliche Rolle bei der Vermittlung rassistischen Denkens, das sich in allen Phasen und Facetten des Sozialisationsprozesses widerspiegelt.
Rassismus ist stets latent und manifest vorhanden, in sichtbarer oder noch häufiger, in unsichtbarer Form. Er wird uns eingetrichtert, wir atmen ihn ein, er vergiftet die Atmosphäre, in der wir leben. Niemand kann sich entziehen, und selbst eine sehr bewußte Erziehung kann diese Einflüsse nicht vollkommen ausschalten. Ebenso wie es nur teilweise gelingen wird, ein Kind feministisch zu erziehen, solange das gesamte Umfeld – das Fernsehen, die Schule, bestimmte Bücher und Sprüche auf der Straße – nicht feministisch sind, so kann sich niemand ganz und gar von der Beeinflussung durch Rassismus freimachen.
Über die Vielzahl und die Wirksamkeit rassistischer Informationen, denen wir ausgesetzt sind, ist noch sehr wenig bekannt. Gerade wenn wir es nicht erwarten, werden wir damit konfrontiert. So wie ich vor geraumer Zeit eine Missionsbroschüre in meinem Briefkasten fand, in der Art, wie sie früher an Schulen verteilt wurden: Auf der Titelseite ein dickbäuchiges, nacktes, schwarzes Kind neben einem großen weißen Pater. Das war 1980, und mein damals fünfjähriger schwarzer Sohn griff danach und fragte erstaunt, was das sei. »Ein kleiner Neger«, wollte ich sagen, schaute in seine schwarzen Augen und ... und schluckte es herunter. Ja, was war das? Ein Kind in seinem Alter, von seiner Hautfarbe. Ich geriet durcheinander. Die Antwort paßte nicht mehr.
Rassismus hat uns durchtränkt. All die Lieder, die wir gehört, die Bücher und Geschichten, die wir gelesen haben: Allem voran das Lied »Zehn kleine Negerlein«, das seit 1884 in den unterschiedlichsten Fassungen aufgelegt wird und in jeder Ausführung die als naiv und zivilisationsuntauglich dargestellten Handlungsträger seriell in den Tod schickt. Ebenso

bekannt Hoffmanns »Struwwelpeter« mit der Geschichte des bedauernswerten »Mohrenkindes«, oder auch die Erzählungen über Pippi Langstrumpf, deren Vater als »Negerkönig« afrikanische Völker regiert; und nicht zuletzt die Geschichte von dem braven, gutmütigen Diener »Onkel Tom«, als dem »vorbildlichen Neger«, von dem niemals Widerstand und Protest zu befürchten ist.

In »Zangzaad voor kampeerders« (vergleichbar mit der »Mundorgel« im Deutschen) steht ein Lied über Zulus und Chinesen: »Die Zulus und Chinesen essen zum Frühstück am liebsten eine Frau / die sie räuchern und braten wie wir den Kabeljau /... Und die Chinesen / das hab ich selbst gelesen / essen zum Frühstück einen tapferen Weißen / den sie entführen / ihm die Kehle durchschneiden / und in die Pfanne werfen.«

Unter den Kinderbüchern, die in den 70er Jahren erschienen sind, findet sich die Geschichte von der kleinen weißen und schwarzen Caroline (»Wit en Zwart Carolientje«) zwei Mädchen, die denselben Namen trugen. Aber die Leute nannten das eine immer die weiße Caroline, weil sie weiße Haut hatte und wunderschön war, und das andere schwarze Caroline, weil sie dunkel war und häßlich wie die Nacht. Die weiße Caroline mußte jeder gern haben, vor dem häßlichen Gesicht ihrer Schwester schreckte jedoch jeder zurück. Die Kinder hatten es schwer, miteinander fröhlich zu sein, und als die weiße Caroline eines Tages bei einer guten Fee einen Wunsch frei hatte, wünschte sie sich, daß sie beide gleich aussehen sollten. Die beiden Mädchen wurden in prächtige schneeweiße Schwäne verwandelt.

Daß der gute Mensch im Laufe seines Lebens vom »Fluch der schwarzen Hautfarbe« befreit wird, ist auch das vermeintliche Happy End in der Geschichte von R. v. Volkmann-Leander »Der Mohr und die Goldprinzessin«: Der anfänglich häßliche kleine Mohr, dessen Hautfarbe zudem noch abfärbt, verwandelt sich im Laufe der Geschichte in einen stattlichen weißen Mann, der schließlich »nicht ein Tüpfchen Schwarzes mehr an sich hat.« (R. von Volkmann-Leander: Träumereien an französischen Kaminen, Bremen 1969, 2. Aufl. S. 173)

Auch diese Erzählung ist willkürlich herausgegriffen und könnte durch andere Kindererzählungen mühelos ersetzt werden. Mit solchen Informationen sind die heute Erwachsenen großgeworden. Aber ist es gegenwärtig sehr viel anders? Heutzutage haben Kinder oft schwarze Freunde und Freundinnen, das muß doch einen Unterschied machen?

Es ist in der Tat manches besser geworden. Beispielsweise werden an den Schulen kaum noch regelrecht rassistische Geschichts- und Erdkundebücher verwendet, das zeigt eine entsprechende Untersuchung aus den 80er Jahren (V.d. Berg / Reinsch 1983). Andererseits macht diese Analyse jedoch

auch deutlich, daß die meisten Schulbücher Rassismus in indirekter Form durchaus beinhalten. Beispielsweise da, wo eine nichtwestliche Lebensweise automatisch mit Rückschrittlichkeit verbunden wird, und die Gründe für diese Rückständigkeit den betreffenden Völkern selbst angelastet werden, oder wenn ein Zusammenhang zwischen der beschriebenen »Rückständigkeit« eines Volkes und den physischen Merkmalen seiner Menschen hergestellt wird.
Folgender Textausschnitt ist einem Geographiebuch der 80er Jahre entnommen, das an Schulen in der Bundesrepublik Verwendung findet: »Die Kulturstufen sind wie eine Treppe: auf den Stufen die Menschen stehend oder steigend. Ganz oben thronen wir. Unsere Kultur erscheint als Vorbild für die Entwicklung der anderen Kulturen.
Das sieht so einfach aus. Die Wirklichkeit ist viel schwieriger: das Hinaufsteigen auf eine höhere Kulturstufe, das Übernehmen einer anderen Kultur, das Aufgeben der eigenen Kultur.
Wer mit dem Kulturstufen-Schema gearbeitet hat, der hat begriffen, daß Menschen kulturell aufsteigen können. Der gibt auch jenen Menschen eine Chance, die heute noch nicht auf unserer Stufe stehen.« (Klett, TERRA B, 5/6, Stuttgart 1982, S. 244, zitiert nach Fremgen, G.: »... und wenn du dazu noch schwarz bist«, Bremen 1984, S. 59)
Bewußt nicht-rassistische Kinderbücher sind noch immer die Ausnahme. Der Charakter des durchschnittlichen, normalen Kinderbuches ist unverändert geblieben. In Comic-strips wimmelt es von Stereotypen. In einem Quartettspiel für Kinder tragen die Chinesen spitze Hüte und einen langen Zopf, der Indianer hat eine Feder auf dem Kopf und der »Neger« hat dicke rote Lippen. An Amsterdamer Schulen machte 1985 ein Lied über »den Rabbi« die Runde. Darin wurden alle Vorurteile gegen Juden abgespult.

Aber nicht nur Kinder werden mit unsinnigen und gefährlichen rassistischen Interpretationen konfrontiert. Die Genußmittelindustrie benutzt seit Jahrzehnten karikierte Afrikaner/innen zur Dekoration von Schokoladenartikeln und exotischen Früchten. Musterbeispiel ist der »Sarotti-Mohr« der Firma Nestlé, der seit 1910 als Markenzeichen dient. Desweiteren werden von unterschiedlichen Herstellern »Negerküsse«, »Mohrenköpfe«, »Eisneger«, etc. in entsprechenden Verpackungen angeboten, womit Kindern und Erwachsenen sowohl rassistische Klischees als auch rassistische Bezeichnungen als selbstverständlich verkauft werden: Daß »Neger« von den meisten Schwarzen als Schimpfwort empfunden wird, ist auch in der Bundesrepublik noch kaum ins allgemeine Bewußtsein gedrungen, obwohl gängige Redewendungen wie: »Such dir einen anderen Neger« (Dummen, Sklaven) die scheinbare Neutralität der Bezeichnung deutlich in Frage stellen.

In die Reihe beliebter deutscher Pfadfinderlieder gehört auch das Lied »Negeraufstand ist in Kuba«, das von menschenfressenden bestialischen Schwarzen handelt. Unter anderem heißt es da: »Und der Jo mit seinem Messer / ist der ärgste Menschenfresser / schneidet ab nur Ohr und Nasen / und versucht dadurch zu blasen.« (Zit. nach Deltgen, F.: »Der Neger im deutschen Kinder- und Jugendlied.« In: Kölner Zeitschr. f. Soziologie u. Sozialpsychologie 29. Jg. H. 1 1977)

In seiner »Einleitung in die Methodik des Gesangs« (Inleiding tot de zangmethodiek), die gegenwärtig an niederländischen Konservatorien verwendet wird, schreibt Ary Schipper, daß sich die Stimmen von »Negern« und Weißen unterscheiden. »Sie brüllen, johlen, gröhlen, brummen oder knurren.« Zum chinesischen Gesang weiß er zu sagen: »Auf gerade ankommende Besucher macht er einen Eindruck, der stark an das Mauzen wütender Katzen erinnert. Die Chinesen selbst scheinen es jedoch sehr zu genießen, diesen eigenartigen Klängen zu lauschen.« Und zu den Japanern fällt ihm folgendes ein: »Genauso eigenartig wie der chinesische Gesang, jedoch zivilisierter und deshalb weniger unangenehm, klingt für unsere Ohren die japanische Vokalkunst. In den dramatischen Shinnoi- oder Komotogesängen wird jeder Ton einzeln herausgepreßt oder schluchzend, hechelnd oder bellend, zischend oder wimmernd gebildet.« Auffallend ist der durchgehende Vergleich mit Tierlauten.

Ich habe hier aufs Geratewohl eine Reihe von Beispielen für rassistische Informationen genannt. Sie sind mir mehr oder weniger »zufällig« zu Ohren gekommen und können zweifellos durch zahllose andere ebenso »zufällige« Beispiele ergänzt werden.

Im allgemeinen ist das Interesse, sich mit diesen Dingen auseinanderzusetzen, gering. »Nur keine Haarspaltereien betreiben«, oder »Das ist aber doch nicht böse gemeint« wird häufig gesagt. In Wirklichkeit ergeben all diese »zufälligen« Beispiele zusammengenommen ein perfektes System falscher Informationen, das in seiner Gesamtheit denselben Effekt wie eine gründliche Gehirnwäsche hat, eine Gehirnwäsche, die dazu führt, Lügen und falsche Behauptungen zu akzeptieren und Menschen falsch zu beurteilen und zu behandeln.

Wir müssen erkennen, auf welche Weise eine Reihe unterschiedlicher Prozesse und Faktoren ineinandergreifen. Es ist wichtig herauszufinden, wie dieses System, das zu Rassismus erzieht, in seinem Inneren aufgebaut ist. Es sind einerseits gesellschaftliche und soziologische Faktoren, die für große Gruppen der Bevölkerung ihre Gültigkeit haben, andererseits individualpsychologische Aspekte, die jedem Sozialisationsprozeß eine eigene Nuancierung geben. Dieses Kapitel möchte einige Tips geben, wo wir beginnen können, dieses dichte Knäuel zu entwirren.

Das Erscheinungsbild des Rassismus

☐ Rassismus ist wie jede andere Form von Unterdrückung eine institutionalisierte Ungleichheit innerhalb des sozialen Machtgefüges.

Die wesentlichste Ausdrucksform von Rassismus besteht in einer systematisierten schlechten Behandlung aller schwarzen Menschen auf ökonomischem, politischem und sozialem Gebiet.
Das Prinzip der Ungleichheit verschafft Weißen Vorteile – zu Lasten der schwarzen Bevölkerung. Seine Auswirkungen berühren alle Bereiche des gesellschaftlichen und privaten Lebens. Die systematisierte schlechte Behandlung äußert sich nur im Extremfall in körperlicher Gewalt. Da in den Niederlanden, wie auch in den anderen westeuropäischen Ländern, Gewalt nicht so hoch im Kurs steht, ist das Erscheinungsbild in der Regel ein anderes. Das letzte Buch von G. Wallraff »Ganz Unten« enthüllt das wahre Gesicht des Rassismus.
Wir haben es mit der permanenten Abwertung schwarzer Menschen zu tun, die so systematisch und umfassend organisiert ist, daß sich dem niemand, ob schwarz oder weiß, entziehen kann. Unter diesem Aspekt sollten wir auch unseren Sprachgebrauch, wo er rassistisch gefärbt ist, unter die Lupe nehmen. Für sich genommen sind Begriffe wie »Schwarzmarkt«, »schwarzarbeiten«, »schwarzfahren« etc. nicht rassistisch, aber die fortgesetzte Assoziation von schwarz mit allem was dunkel, nicht greifbar und negativ ist, befördert rassistisches Denken. Im Deutschen kennen wir beispielsweise den Ausdruck »etwas türken« = etw. vortäuschen (d. Übers.). Die Verwendung dieser Ausdrücke kann sehr unerwünschte Effekte haben, und das allein sollte Grund genug sein, diese Begriffe zu vermeiden. Es ist eine Frage der Kreativität, neue Worte zu erfinden, die im übrigen häufig viel treffender sind. Schließlich bedeutet »schwarzarbeiten«, »schwarzfahren« etc. nichts anderes als illegal arbeiten, fahren etc. Die systematisch vollzogene Abwertung schwarzer Menschen erzeugt einen Teufelskreis der Unterdrückung, den wir nur mühsam durchbrechen können.
Das Verhalten schwarzer Menschen, das durch Unterdrückung geprägt ist, schafft ein falsches Bild. Wir können uns gar nicht vorstellen, wie freie schwarze Menschen sein könnten. Die Flut falscher Informationen, der wir ständig ausgesetzt sind, dient als Legitimation für die schlechte Behandlung und als Grundlage einer rassistischen Erziehung. Ricky Sherover-Marcuse hat den Kreislauf des Rassismus in ein Schema gebracht. (Sherover-Marcuse 1981)

Schema IV

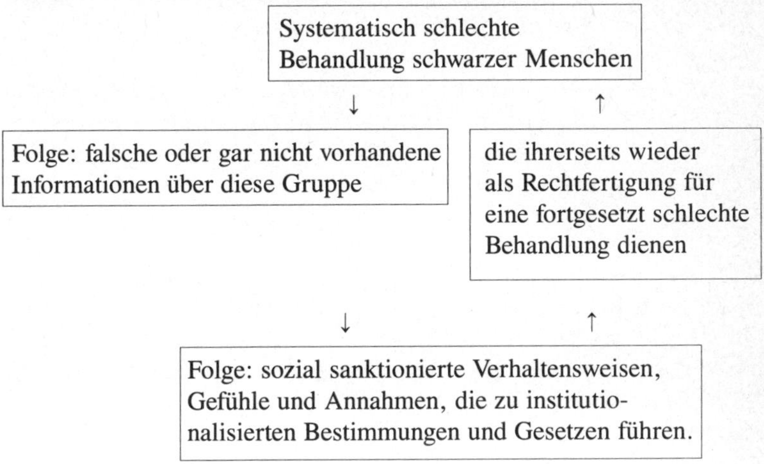

Falsche Aufklärung

Der wesentlichste Aspekt bei der Erziehung zum Rassismus liegt in der Herausbildung falscher Vorstellungen durch eine systematisch falsche Aufklärung. Auf jede nur denkbare Weise werden krasse Lügen verbreitet, Sachverhalte völlig verzerrt dargestellt. Daß falsche Aufklärung in der Erziehung zum Rassismus eine so ausschlaggebende Rolle spielt, hat mehrere Gründe.

□ Die Systematik der Aufklärung
Wenn über eine bestimmte Gruppe von Menschen geredet oder geschrieben wird, bleibt es dem »gesunden Menschenverstand« des einzelnen überlassen, dies für bare Münze zu nehmen oder nicht. Wenn jedoch systematisch von allen Seiten und immer wieder dieselbe Botschaft verkündet wird, kann sich niemand ihrem Einfluß entziehen, dann wird sie, wenn auch vielleicht widerstrebend und zögernd, angenommen. Im Verlauf der Prinsenhof-Konferenz (Antirassismus-Konferenz in Amsterdam 1984) äußerten sich jüngere Teilnehmer diesbezüglich sehr eindeutig: »Wenn dir ein paarmal etwas über Türken erzählt wird, na ja, dann weißt du es besser, aber nach dem zehnten Mal fängst du an, an dir selbst zu zweifeln, und nach dem dreizehnten Mal glaubst du es dann.«

☐ Beeinflussung in sehr jungen Jahren

Der zweite wesentliche Grund liegt darin, daß wir schon als Kinder, wenn wir noch sehr beeinflußbar sind, auf rassistische Denkweisen programmiert werden. Kinder befinden sich in einer extrem abhängigen Position, da sie in allen Lebensbereichen, also auch wenn es um Wissens- und Informationsvermittlung geht, auf Erwachsene angewiesen sind. Dazu kommt, daß Kinder mit Erwachsenen nicht auf einer Ebene kommunizieren können. Ihre Stärke, die Intuition, ist ein Defizit bei Erwachsenen und deren Stärke, die »Vernunft«, setzt ein Wissen voraus, das Kinder noch nicht haben.

☐ Vorstellungen graben sich ein

Wäre Rassismus nur eine Frage fehlgeleiteten Denkens, könnte man dies durch die richtigen Inhalte korrigieren, und das Problem wäre schnell gelöst. Aber die Vermittlung rassistischer Informationen geschieht nicht auf neutrale Weise, sondern ist vielschichtig und aus vielerlei Gründen mit Emotionen verbunden. Es sind die Emotionen, die eine Bekämpfung des Rassismus so schwer machen.

☐ Falsche Informationen bekommen wir von Menschen, die wir lieben.

Die ersten und wichtigsten Informationen erhalten wir von Menschen aus unserer nächsten Umgebung, von Menschen, die für uns sorgen und die uns verhätscheln, die uns lieben, so wie wir sie. Kinder besitzen ein felsenfestes Vertrauen in die Welt und ihre Mitmenschen, und zudem verfügen sie über ein noch fast intaktes intuitives Gefühl für das, was gut ist und was nicht. Warum dürfen sie mit dem einen Kind spielen und mit dem anderen nicht? Warum dürfen sie nichts über die schwarze Frau sagen? Kindern fehlt die Logik des Rassismus und jeder anderen Konditionierung. Sie spüren, daß irgendetwas nicht stimmt. Die Entdeckung, daß die Menschen, denen sie vertrauen und die sie lieben, ihnen, wenn auch nicht aus böser Absicht, Unwahrheiten vorspiegeln, ruft einen heftigen emotionalen Schock hervor. Kinder besitzen nicht die Mittel, um Erwachsene von ihren Überzeugungen abzubringen, auch wenn sie das durchaus auf unterschiedliche Weise versuchen, beispielsweise indem sie endlos nach dem »warum« fragen. Ich habe einen kleinen Jungen beobachtet, der ständig heftig mit dem Kopf gegen seine Mutter anrannte, offensichtlich um ihr etwas deutlich zu machen, aber er wurde als Tyrann und kleiner Macker bezeichnet. Die emotionalen Reaktionen von Kindern werden oft falsch interpretiert. Da Kinder in allem, was sie im täglichen Leben brauchen, sowohl in der Liebe wie auch in der Achtung, von Erwachsenen abhängig sind, müssen sie sich letztendlich geschlagen geben. Sie müssen das, was ihnen erzählt wird und die Gefühle, die dadurch freigesetzt werden, herunterschlucken. Rassistische Informationen werden so mit einem emotionalen Schock, mit Enttäuschung und Ohnmachtsgefühlen verbunden.

☐ Verwirrung verursacht falsche Information

Im Leben eines Kindes gibt es regelmäßig Situationen, in denen die Reaktionen Erwachsener Verwirrung stiften, die unbemerkt zu rassistischem Denken führt. Leute erzählen immer wieder, wie sie, als sie zum erstenmal einem Schwarzen begegnet sind, spontan und kindlich ihre Überraschung zum Ausdruck gebracht hatten. In den meisten Fällen reagieren Erwachsene darauf peinlich berührt oder strafend: »Halt den Mund«, oder »Guck nicht so«. Es fällt kein ungebührliches Wort über den Schwarzen selbst, aber die Botschaft lautet: »Irgendetwas stimmt mit ihnen nicht.« Diese Information nimmt das Kind auf, und sie ist verbunden mit dem schmerzlichen Gefühl, etwas falsch gemacht zu haben. Sehr viele Menschen haben in ihrer Kindheit solche Erfahrungen gemacht.

☐ Die heile Welt stürzt ein

Die ersten Vorstellungen über schwarze Menschen gehen häufig mit Erzählungen über Missionierung, Hunger, Dürre und Armut einher. Ein kleines Kind, das bis dahin nur die eigene heile Welt kennt, wird durch diese Geschichten mit etwas Bestürzendem konfrontiert. Enttäuschung, ein zerstörtes Vertrauen und die Angst vor einer Bedrohung der Existenz vermischen sich mit den Informationen über die »andere« Welt und die »anderen« Menschen.

☐ Angst verursacht Rassismus

Ein Teil der falschen Informationen, die uns vermittelt werden, besteht aus der Angst vor allem, was fremd ist. Als Kinder lernen wir, uns vor allem Unbekannten zu fürchten. Dauernde Warnungen, Märchen und Spiele sollen uns die Neugier auf neue, fremde und unbekannte Dinge austreiben. Historisch betrachtet ist diese Lernsituation für Kinder niemals produktiv gewesen. Es gab eine Zeit, in der alles Fremde eine lebensgefährliche Bedrohung darstellte; Warnungen waren darauf ausgerichtet, Wendigkeit und Reaktionsvermögen in Augenblicken drohender Gefahr zu schulen. Im heutigen Zusammenleben sind viele dieser Gefahrenquellen ausgeräumt, und die größte Gefahr geht sicherlich von anderen Menschen aus. Die Warnungen wurden beibehalten und haben die Funktion, Unterdrückung aufgrund bestehender Unterschiede zu legitimieren. Die Warnungen sagen uns in der Regel nicht, was passieren könnte, sondern nur, daß etwas passieren könnte. Diese nebulöse Botschaft fördert keineswegs Kraft und Geschicklichkeit, sondern erzeugt Ohnmacht und Angst vor einer beschworenen Gefahr, die überall lauert, sobald wir den sicheren Hafen verlassen. Für das Gefühl, beschützt zu sein, bezahlen wir mit unserer Freiheit. Unbegründete Gefühle von Abneigung und Ekel sind dadurch kulturell akzeptiert und ein fruchtbarer Nährboden für rassistisches Denken.

Rassismus – Konditionierung

Viele Menschen haben solche Erfahrungen – sei es mit Rassismus oder anderem – auf die eine oder andere Art gemacht; daß sie jedoch sehr stark emotional besetzt waren, ist den meisten nicht mehr in Erinnerung. Von daher fällt es schwer sich vorzustellen, daß uns diese frühen Erfahrungen auch als Erwachsene noch spürbar beeinflussen. Aus der Psychologie wissen wir, daß leidvolle Erfahrungen häufig scheinbar vergessen werden, für das weitere Leben jedoch von großer Bedeutung sind. Alice Miller nennt als Grund dieses Vergessens, daß das Erinnerungsvermögen eines Kindes gern idealisiert und die Erinnerung durch die Liebe zu den Eltern oder Erziehenden abgeschirmt wird (Alice Miller, S. 116). Um zu untersuchen, ob und in welcher Weise Kindheitserfahrungen in Verbindung mit Rassismus das aktuelle Denken und Handeln Erwachsener bestimmen, und um herauszufinden, um welche spezifischen Erfahrungen es sich handelt, habe ich mich über den Zeitraum eines Jahres mit unterschiedlichen Leuten mit der Aufarbeitung dieser Erinnerungen befaßt. Dazu ist eine Arbeitsweise erforderlich, die die vorhandenen Emotionen sichtbar macht. Die Methode des »cocounseling« ist dazu sehr geeignet.

Es wird davon ausgegangen, daß wir als Menschen unbeschränkt intelligent sind, daß wir jedoch, aufgrund gespeicherter schmerzvoller Erfahrungen und Spannungen, die uns in der Flexibilität unseres Denkens und Handelns einschränken, den größten Teil unserer Kapazitäten nicht nutzen können (Hermsen 1986).
Es zeigte sich, daß Erfahrungen, die auf den ersten Blick völlig »normal«zu sein schienen, extrem emotional befrachtet waren – zum großen Erstaunen derjenigen, mit denen ich arbeitete und nicht selten auch zu meiner eigenen Verwunderung. Während einer dieser Sitzungen passierte es, daß eine Frau sehr deprimiert erzählte, wie sie als Kind Silberpapier gesammelt habe. Eine Reaktion, zu der sie selbst sagte: »Lächerlich, was soll das, das ist doch wirklich nichts Besonderes.« Aber sie konnte ihre

Tränen trotzdem nicht zurückhalten. Mit den nüchternen Augen eines Erwachsenen betrachtet, erscheint eine solche Gefühlsaufwallung angesichts eines simplen Vorfalls in der Tat unverhältnismäßig.
Nachdem sie sich ausgeweint hatte, begann sich ein Zusammenhang abzuzeichnen. Sie war in einer Arbeiterfamilie aufgewachsen, wo das Geld immer knapp war. In der Schule wurde von den »armen Schwarzen« erzählt. Ihr wurde klargemacht, daß sie als »weißes« Kind »privilegiert« wäre, daß die Missionskinder von ihrer Unterstützung, die sie anbieten könne und müsse, abhängig wären. Es wurde ihr vorgeschlagen, Silberpapier zu sammeln. Aber da sie nicht in wohlhabenden Verhältnissen lebte, wurde dies zu einem großen Problem für sie. Schokolade wurde zuhause nicht gegessen und die Verschlüsse der Milchflaschen von einem der zahlreichen Familienmitglieder immer wieder weggeworfen. Gefühle stauten sich an: Zu der Scham über die häuslichen Verhältnisse kam die Unmöglichkeit, sich von dem eingeredeten Schuldgefühl mit Silberpapier freizukaufen. Als (Über-)Kompensation verpflichtete sie sich freiwillig, die Verschlüsse der Schulmilchflaschen einzusammeln.
Diese Erfahrung ist komplex: Auf der einen Seite steht die rassistische Information über die Überlegenheit der Weißen und die Abhängigkeit der Schwarzen, auf der anderen Seite entstehen Schuldgefühle, von denen sie sich aufgrund ihrer Klassenzugehörigkeit nicht freikaufen kann. Die Scham darüber fügte ihr einen so tiefen Schmerz zu, daß sie als erwachsene Frau in Tränen ausbrach, als sie diese Erfahrung erinnerte und erzählte. Unverarbeitete Gefühle dieser Art bestimmen in hohem Maße das Verhalten Erwachsener und blockieren Veränderungen.
Es ist auffallend, daß man in den letzten Jahren den negativen Einflüssen frustrierender Erfahrungen bei Kindern zunehmende Beachtung geschenkt hat, jedoch außerhalb der Therapeuten-Welt, vor allem in politisch engagierten Kreisen, noch sehr davor zurückschreckt, diese Einflüsse auf das eigene Erwachsenenverhalten wahrzunehmen. Und gerade dies ist die Barriere, die sich uns in der Bekämpfung des Rassismus tagtäglich entgegenstellt.
Eine Frau, die schon seit Jahren versucht, rassistisches Denken abzubauen, indem sie in Kursen über die kulturellen Hintergründe ethnischer Gruppen informiert, sagte in einem Gespräch: »Es ist so, als würde ich ständig gegen eine Mauer anrennen. Die Kursteilnehmer sind total interessiert und hochmotiviert, aber es ist so, als gäbe es eine Schicht, durch die die Information nicht durchdringt. Manchmal beobachte ich, daß sich Vorurteile nicht etwa abbauen, sondern im Gegenteil verfestigen.«

Politische Befreiungsbewegungen haben die Macht von Gefühlen weitgehend ignoriert und sich systematisch nur mit Teilaspekten beschäftigt. Der Marxismus hat die Unterdrückungsstruktur der Gesellschaft offengelegt, sich jedoch in erster Linie auf die Analyse der Klassengesellschaft beschränkt. Heutige Befreiungsbewegungen haben andere Unterdrückungsformen zu ihren Themen gemacht. Vor allem die Frauenbewegung hat auch den emotionalen Aspekten von Unterdrückung Beachtung geschenkt. Um zu wirklich befreienden Veränderungen zu kommen, müssen wir Unterdrückung in ihrer Gesamtheit analysieren und dürfen den emotionalen Bereich nicht ausklammern.

Unverarbeitete Emotionen – ein Nährboden für Rassismus

In der Psychologie ist die Behauptung, daß unverarbeitete Gefühle spätere Erfahrungen stark beeinflussen, unumstritten. Unverarbeitete Gefühle bilden ein Hindernis, das die Verarbeitung der nachfolgenden Erfahrungen blockiert. Dieser Vorgang ist mit dem Funktionieren einer Druckerpresse zu vergleichen. Läuft bei der Papierzufuhr (=Information) etwas schief, entstehen Fehldrucke. Wenn der Fehler nicht sofort behoben wird, ist die Maschine blockiert, und das Papier häuft sich an. Erst wenn das Papier beseitigt, die Maschine gereinigt und die Zufuhr korrigiert ist, ist das Übel behoben (Jackins 1975).
So ähnlich verhält es sich auch mit Rassismus. Durch eine falsche Zufuhr von Informationen entstehen Fehldrucke, die zu einer emotionalen Störung führen. Im Moment der emotionalen Störung kommt es zu einer emotionalen Blockade. Alle Informationen, die später hereinkommen, werden blockiert und nicht mehr hinreichend verarbeitet. So erzählte beispielsweise eine Frau, daß sie als Dreijährige auf einer großen politischen Veranstaltung zum erstenmal in ihrem Leben einen schwarzen Mann gesehen habe. Als der Mann das Wort ergriff, habe sie ihre Überraschung über diese neue Entdeckung lauthals zum Ausdruck gebracht. Die Umstehenden hätten schockiert reagiert. Sie konnte sich erinnern, daß ihre Mutter (eine linke, politisch aktive Frau) ihr im Nachhinein erklärt hatte, daß es noch viele andere Menschen gäbe, die wiederum anders aussähen.
Sie erzählte diese Erfahrung, als sie im Rahmen einer Gruppensitzung ihre Ängste, schwarze Menschen anzusprechen, äußerte. Ein Verhalten, das sie nicht begriff, da sie zuhause gelernt hatte, auf Menschen zuzugehen. In ihrem Fall wurden zwar durch die Mutter durchaus richtige Informationen vermittelt, die nicht zu rassistischem Denken führten, aber sie hatte

nie die Möglichkeit gehabt, die emotionale Verwirrung ihrer Kindheitserfahrung aufzulösen. Unbewußt wurde diese in Rassismus umgesetzt und spielte ihr so später fortwährend einen Streich.
An diesem Punkt stoßen wir auf eine der Folgeerscheinungen, die unverarbeitete Gefühle für das Verhalten haben. Konfrontationen, die unbegreiflich, verwirrend und schmerzhaft sind, werden bei einem möglichen nächsten Mal vermieden. Vor acht Jahren fragte ich eine schwarze Freundin, was ihrer Meinung nach für rassistisches Verhalten in Holland typisch wäre. Ihre Antwort: »Nicht gesehen zu werden; Menschen laufen an dir vorbei, sehen dich nicht, wollen dich nicht kennen oder kennenlernen. Wenn sie dich kennen, ignorieren sie, daß du schwarz bist und wollen den Unterschied zwischen uns nicht wahrhaben. Es kommt mir oft so vor, als existierte ich nicht.« Dies stimmt mit dem überein, was ich von Weißen höre. Die Wenigsten haben schwarze Freunde oder Bekannte, und wenn, dann haben sie sie nicht als solche gesehen.
Unverarbeitete Gefühle rufen ein Verhalten hervor, daß einerseits die Funktion einer persönlichen Überlebensstrategie erfüllt, andererseits aber oft in einer Art »selffulfilling prophecy« resultiert. Überlebensstrategie will sagen, das Verhalten den Erfahrungen anzupassen und auf diese Weise zu versuchen, neuerlichen Frustrationen zuvorzukommen.
»Selffulfilling prophecy« bedeutet: Ausgehend von ganz bestimmten Erwartungen ist eine Situation schon so stark vorgeprägt, daß genau diese Erwartungen tatsächlich eintreffen. Unverarbeitete Gefühle erzeugen häufig wiederkehrende Situationen. Alice Miller spricht von einem »Wiederholungszwang«, wenn aufgrund unverarbeiteter Emotionen unbewußt nach der Wiederholung einer spezifischen Erfahrung gesucht wird. (Alice Miller, S. 129)

Ein neutrales Beispiel: Mit vier Jahren wurde ich geimpft, und mir wurde eine Belohnung versprochen, wenn ich nicht weinen würde. Nun weinte ich zwar, bekam aber trotzdem die Belohnung – unverdient, wie ich meinte. Ich war völlig durcheinander und schämte mich doppelt. Später stelle sich heraus, daß mein Körper, unabhängig von meinem Willen, seine Lehre aus dieser Situation gezogen hatte. Bei späteren Impfungen wurde ich ohnmächtig, so sehr ich auch versuchte, dagegen anzugehen. Überlebensstrategie, denn ohne den Einstich der Nadel ging es nicht, Gefühle zu äußern, war verboten, also war die beste Lösung, nicht dabei zu sein, »selfulfilling prophecy«, denn auf diese Weise wurde aus jeder Impfung eine verwirrende und angstbesetzte Situation.

Ähnliches läßt sich zu Rassismus sagen. Wenn aufgrund einer schlechten Erfahrung erst einmal ein falsches Programm eingespeichert worden ist, wird bei jeder identisch erscheinenden Situation derselbe Film ablaufen. Man zieht in Betracht, was kommen wird, und das verdreifacht die Chance, daß sich diese Erwartungshaltung bestätigen wird.
Bei Kontakten zwischen Schwarzen und Weißen ist so etwas häufig zu beobachten. Weiße gehen, bewußt oder unbewußt, davon aus, daß Schwarze dumm sind. Wenn wir sie nach ihrer Meinung zu etwas fragen, geschieht das entweder in der Erwartung, daß sie nichts zu sagen haben, oder umgekehrt in der Hoffnung, daß sie etwas ganz Besonderes zu sagen haben. Diese Erwartungshaltung strahlt eine Energie aus, die auch für die Betreffenden deutlich spürbar ist. Mit großer Wahrscheinlichkeit haben Schwarze dann in der Tat nichts zu sagen. In der Wiederholung verfestigt sich die Erfahrung und die falsche Information lautet einmal mehr: »Ich wußte es doch, sie haben nichts zu sagen.« Rassismus potenziert sich. Wir geraten in einen heillosen Wirrwarr falscher Informationen, den wir immer weniger entflechten können, da wir seinen Ursprung aus den Augen verlieren.
Im Verlauf antirassistischer Workshops wird immer wieder deutlich, daß rassistische Vorstellungen und Handlungsweisen letztendlich auf Erinnerungen aus der Kindheit zurückzuführen sind. So beschäftigte ich mich mit der Problematik einer Frau, der es schwer fiel, mit ihrer schwarzen Kollegin zusammenzuarbeiten. Nachdem wir verschiedene Aspekte betrachtet hatten, bat ich sie zu sagen, was ihr als erstes einfiele, wenn sie darüber nachdächte, was sie an ihrer Kollegin am meisten störe. Beschämt sagte sie, daß sie ihre krausen Haare abstoßend fände. Ich schlug vor, dies zunächst zurückzustellen und ihren frühesten Erinnerungen an schwarze Menschen auf die Spur zu kommen. Wiederum kam die Sprache auf krauses Haar. War das Zufall? Nein, nichts ist zufällig. Obwohl es genügend Schwarze mit glatten Haaren gibt, ist schwarzes Kraushaar natürlich ein Stereotyp. Es gibt viele negative Bemerkungen und Vorstellungen in Verbindung mit krausem Haar. Ein scheinbar zufälliges Detail wie die »Haartracht« ist zu einem Symbol geworden und kann somit Erfahrungen stark beeinflussen und Erwartungen schaffen.

Erfahrung verfestigt falsche Informationen

Es scheint so zu sein, daß Erfahrungen leicht ein stereotypes Bild verfestigen, während Beweise des Gegenteils relativ wirkungslos bleiben. Ein Schwarzer mit einem Messer bestätigt das Vorurteil von der Gefährlichkeit schwarzer Männer. Hundert schwarze Männer ohne Messer können dieses Vorurteil nicht zerstören.

So sprach ich mit einer Gruppe über das Vorurteil, daß schwarze Männer Frauen belästigen. Eine Frau stand wütend auf und sagte: »Ich will ja nicht rassistisch sein, aber ich werde ständig von Ausländern belästigt.« Sie erzählte, auf der Straße regelmäßig von Ausländern angesprochen zu werden und in einem Fall sogar vergewaltigt worden zu sein. Ich fragte sie, wie oft sie auf der Straße Ausländern begegne. Sie hatte keine Ahnung, wahrscheinlich häufig. Belästigten die sie immer? »Natürlich nicht, das würde auch gerade noch fehlen.«

Es kann nicht darum gehen, schlimme Erfahrungen zu bagatellisieren oder zu ignorieren. Das würde ich tun, wenn ich versuchte, jemanden von seinem rassistischen Denken abzubringen, indem ich erzählte, daß einer vielleicht schon... alle anderen jedoch nicht. Damit würde ich diese eine schlechte Erfahrung übergehen. Es ist wichtiger, zunächst deutlich zu machen, daß eine einzige Erfahrung ein totales und endgültiges Bild schafft, während viele andere Erfahrungen dieses Bild nicht zerstören. Auf diese Weise bleibt die Erfahrung als solche in ihrer Bedeutung erhalten, wird jedoch gleichzeitig relativiert. In einem weiteren Schritt kann besprochen werden, warum die eine Sache einen stärkeren Eindruck hinterläßt als eine andere, und warum das so ist.

– Erstens stellen wir dann fest, daß die *emotionale* Erfahrung die Oberhand gewonnen hat – in diesem Fall die Vergewaltigung – und daß sie alle anderen Erfahrungen verdrängt.

– Zweitens sehen wir, daß *die emotionale Erfahrung nur das verstärkt, was wir unser ganzes Leben lang schon gehört haben.* Die Erfahrung ergänzt die falschen Informationen einer rassistischen Erziehung. Im Fall der Vergewaltigung ist es das Bild des gefährlichen schwarzen Mannes. Die Erfahrung vervollständigt die schon vorhandenen falschen Informationen und verstärkt sie. Schematisch sieht das so aus:

Schema V

1. Infos aus der Kindheit	2. Die Erfahrung
Schwarze Männer sind gefährlich Du mußt Angst vor ihnen haben	schlechte Erfahrung mit einem schwarzen Mann

3. Das Resultat 1 + 2 = 3

Siehst du, schwarze Männer sind gefährlich, ich habe es selbst erlebt. Ich habe zu Recht Angst.

Dies erklärt unter anderem die weitaus größere Angst weißer Frauen vor schwarzen als vor weißen Männern. Wenn ich in einer Gruppe weißer Frauen die Frage nach der Angst vor schwarzen oder weißen Männern stelle, ist es immer so, daß bei den meisten die Angst vor schwarzen Männern größer ist. Wenn ich dann weiter nach schlechten Erfahrungen mit schwarzen oder weißen Männern frage, überwiegen die schlechten Erfahrungen mit weißen Männern. Das bedeutet nicht, daß weiße Männer sexistischer sind als schwarze. Aufgrund unser rassistisch geprägten Gesellschaft haben weiße Frauen mehr Kontakte zu weißen Männern, und somit sind die Möglichkeiten, mit ihnen schlechte Erfahrungen zu machen, einfach größer. Es bedeutet jedoch sehr wohl, daß die Angst weißer Frauen vor schwarzen Männern ihren konkreten Erfahrungen nicht entspricht. Folglich ist diese Angst an etwas anderes geknüpft. Wie schon gesagt, ist diese Angst ursächlich an die rassistischen Informationen, die wir zu einem früheren Zeitpunkt erhalten haben, gekoppelt. Magdeleine Paz beschrieb die Entstehung des Mythos von der Vergewaltigung weißer Frauen durch »Neger« wie folgt: »Es muß hier festgehalten werden, daß seit dem Jahr 1619, dem Datum der Einfuhr der ersten Schwarzen in Amerika, bis zum Jahre 1830, dem Zeitpunkt der industriellen Revolution, als man etwas mehr als anderthalb Millionen 'Neger' zählte, nie von irgendwelchen Neigungen dieser oder jener »Farbigen« zu sexuellen Verbrechen die Rede war. Über mehr als zwei Jahrhunderte waren Fälle von Vergewaltigung weißer Frauen durch 'Neger' nicht nur selten, sondern völlig unbekannt. Die Beschuldigungen kamen erst mit dem ständig wachsenden Wohlstand des Landes, der einen ansehnlichen Bedarf an Arbeitskräften weckte, die allein durch das System der Sklaverei in den Südstaaten beschafft werden konnten.« (Paz, S. 78)
Berichte über Vergewaltigungen hatten demnach die Funktion, Ängste zu wecken und auf diese Weise den Kampf für die Abschaffung der Sklaverei zu schwächen.

Die individuelle Erfahrung schafft ein stereotypes Bild

Rassistisch geprägte, individuelle Erfahrungen unterscheiden sich nur auf den ersten Blick voneinander. Bei näherem Hinsehen stellt sich heraus, daß sie alle zu demselben Ergebnis führen: zur Herausbildung eines sehr stereotypen Bildes schwarzer Menschen, eines Bildes, das sich aus zahllosen gelesenen, gehörten, gesehenen und empfundenen Einzeleindrücken zusammensetzt und letztendlich zum Klischee des »dummen, faulen und gefährlichen Schwarzen« verschmilzt. Es ist ein Bild, in dem sich Vorstellungen aus kolonialer Zeit spiegeln.

Jede Zeit schafft sich ihre eigene Version dieses stereotypen Bildes, entsprechend der jeweils aktuellen Problematik. So hat das Bild des »Kannibalen« und »Kopfjägers« seine zeitgemäße Entsprechung im »Messerstecher«. Die Vorstellung vom »faulen Schwarzen« überlebt in der Behauptung »Sie leben alle von Sozialhilfe«. Es ist wichtig, diesen historischen Zusammenhang zu erkennen. Vorurteile entstehen nicht zufällig, sind nicht einfach aus der Luft gegriffen und nicht ausschließlich ein Produkt unserer Zeit. Vorurteile haben einen geschichtlichen Hintergrund und tiefe Wurzeln.

Überlegenheit und Unterlegenheit

Bis jetzt haben wir uns immer mit den falschen Informationen, die uns über Schwarze vermittelt werden, auseinandergesetzt, aber das ist nur eine Seite des Problems. Falsche Vorstellungen über die eine Bevölkerungsgruppe gehen Hand in Hand mit irrigen Auffassungen über die andere. Eine fehlgeleitete Aufklärung versucht fortwährend, die Unterlegenheit, die Minderwertigkeit der schwarzen Bevölkerung herauszustellen. Gleichzeitig wird immer wieder die vermeintliche Überlegenheit der Weißen betont.

☐ Es gibt vermeintliche Unterlegenheit, weil vermeintliche Überlegenheit akzeptiert und geduldet wird.

Das Kapitel zur geschichtlichen Entwicklung hat deutlich gemacht, daß erst nach der Segnung Sems und Japeths dieser Bibeltext zur Rechtfertigung der Unterdrückung ganzer Völker benutzt wurde. Ham und seine Nachkommen werden erst in dem Augenblick zu Unterlegenen, wo die Überlegenheit der Nachfahren Sems und Japeths verkündet wird.

Allein aufgrund der Behauptung, es gäbe nur einen wahren Glauben, konnte jede andere Glaubensrichtung als Heidentum und Götzendienst abgetan werden, allein aufgrund der Behauptung, die westliche Gesellschaft sei die beste und die am höchsten entwickelte, kann jede andere Kultur als minderwertig bezeichnet werden. Der in der Wissenschaft verwendete Begriff »nicht-westlich« ist ein deutlicher Ausdruck dieses Denkens. Seit kurzem ist es sogar möglich, »nicht-westliche« Soziologie zu studieren. Wir verfügen über wirksame Mechanismen, um mit dem System von Unter- und Überlegenheit umzugehen und um es stabil zu halten. Die schwächsten und negativsten Merkmale oder die Verhaltensweisen des schlechtesten Teils einer Gruppe werden zu Kollektiveigenschaften der ganzen unterlegenen Gruppe gemacht, während die positivsten Eigenschaften des besten Teils der überlegenen Gruppe als typisch für alle gelten.

Diese Verzeichnung unter positiven Vorzeichen versetzt die dominante Gruppe in die Lage, sich immer ins rechte Licht zu rücken und ständig Beweise ihrer vermeintlichen Überlegenheit zu liefern. Durch diesen Mechanismus machen schwarze Drogenabhängige alle Schwarzen zu Drogenkonsumenten, machen schwarze Arbeitslose »die« Schwarzen zu Sozialhilfeempfängern. Ein arbeitsloser Weißer ist kein Stigma für die Gesamtheit der weißen Bevölkerung, da er in seiner Gruppe nicht der Norm entspricht. Ein »erfolgreicher« hart arbeitender Schwarzer wird die Vorurteile gegen Schwarze nicht entkräften. Er ist nur eine Ausnahme.

□ Aufrechterhaltung der Positionen

Die Wurzel der Unter- und Überlegenheit liegt in dem Ungleichgewicht der Machtverhältnisse, das durch unterschiedliche Mechanismen aufrechterhalten wird.

Zum ersten kann die überlegene Gruppe, solange sie unangefochten über die Schlüsselpositionen verfügt, die kollektive Unterlegenheit anderer Gruppen kontinuierlich festschreiben, und somit den eigenen Führungsanspruch behaupten. Das Selbstverständnis der weniger mächtigen Gruppe wird durch das Gefühl »abgestempelt zu sein« bestimmt, ihre Widerstandskraft wird gebrochen. Auf der anderen Seite verstärkt die ständige Betonung der Überlegenheit das Selbstwertgefühl dieser Gruppe und vergrößert damit ihre Macht.

Zum zweiten hat eine negative Stigmatisierung nur Auswirkungen auf die ohnehin unterlegene Gruppe, da die Machtstrukturen von vorneherein zu ihren Ungunsten festgelegt sind. Sie taugt nicht, um die Überlegenen wirksam zu treffen.

Wenn ein schwarzes Kind ein weißes als »Bleichgesicht« beschimpft, wird es dies niemals so tief verletzen können, wie das umgekehrt der Fall wäre; denn »Bleichgesichter« sind O. K., sind die Norm, stehen auf der richtigen Seite, sind die Mächtigen.

Der dritte wesentliche Faktor, der zur Erhaltung der Machtverhältnisse beiträgt, ist das Prinzip des Ausschlusses (Elias, 1976, S. 11). Weiße besetzen alle Machtpositionen, Schwarze sind systematisch ausgeschlossen, ein Faktum, das sich auf allen Ebenen des gesellschaftlichen Lebens widerspiegelt. In Betrieben, an Schulen, im Geschäftsleben, in den Medien, auf dem Sozial- und Dienstleistungssektor, im administrativen Bereich auf staatlicher oder regionaler Ebene. Wenn wir von den »Weltmächten« sprechen, gehören dazu keine schwarzen Länder.

Auch in unserem Land, das so gern von der »Chancengleichheit« spricht, wird nach dem Ausschlußprinzip gehandelt, um die Machtverhältnisse so

zu bewahren, wie sie sind: ungleichgewichtig. Dieser Mechanismus funktioniert in der Praxis sehr einfach, und sogar ohne daß man von offener Diskriminierung reden müßte.
Die Einrichtungen, für die ich arbeite, suchen regelmäßig Frauen für bezahlte oder unbezahlte Arbeiten im Verwaltungsbereich oder als Beraterinnen. In jedem Fall sind es Tätigkeiten, an die ein bestimmter Status gekoppelt ist. Wie läuft so etwas im einzelnen ab: Jede schaut sich in ihrem Bekanntenkreis nach geeigneten Bewerberinnen um. Da die Stellen in der Regel schon von weißen Frauen besetzt sind, die, aufgrund der herrschenden rassistischen Strukturen, einen überwiegend weißen Bekanntenkreis haben, wird in der Regel eine weiße Bewerberin vorgeschlagen. Ein absolut normaler, automatischer und logischer Vorgang. Nur wenn ausdrücklich eine schwarze Frau gesucht wird, was glücklicherweise immer öfter der Fall ist, muß auch eine Schwarze eingestellt werden. Dann wird die Suche nach einer geeigneten Kandidatin weitaus schwieriger und langwieriger, nicht, weil es keine gäbe, sondern weil sie außerhalb unseres Blickfeldes sind.
Zum Stolperstein wird in solchen Zusammenhängen immer die Frage nach der fachlichen Kompetenz. Jede, auch eine Schwarze, hat ein ungutes Gefühl, eine gebotene Chance wahrzunehmen, ohne vielleicht über ein ausreichendes Fachwissen zu verfügen. Diese Argumentation wird häufig in Diskussionen über »positive actie« vorgebracht. Der Begriff »positive Diskriminierung« suggeriert zu Unrecht, daß jemand bevorzugt behandelt wird. In Wirklichkeit geht es darum, Benachteiligungen aufzuheben. In der Praxis zeigt sich momentan, daß »positive actie« zur Schaffung spezifischer Arbeitsplätze, keineswegs jedoch zu einer Eingliederung Schwarzer in das »normale« Berufsleben führt. Ein Hauptgrund für den Mangel an fachlicher Kompetenz liegt in den nicht vorhandenen Möglichkeiten, diese zu entwickeln.
Im April 1986 organisierte die feministische Organisation »Amazone« (2) ein jährlich stattfindendes Dichterinnen-Festival. Es waren sehr wenige schwarze Dichterinnen eingeladen, da es, wie die Organisatorinnen erklärten, kaum qualitativ gute schwarze Dichterinnen gebe. Bekanntermaßen ist der Begriff »Qualität« jedoch relativ und wird durch die gesellschaftlich herrschende Gruppe bestimmt. Außerdem kann sich keine Qualität entwickeln, wenn die entsprechenden Möglichkeiten fehlen. Würden schwarze Frauen heute die Chance erhalten, ich bin mir sicher, daß sie innerhalb von vier Jahren zu einer eigenen Qualität gefunden hätten. Haben wir als Frauen nicht genau diese Erfahrung gemacht?

□ Die Kirche und Superiorität

Kirche und christlicher Glaube haben das Überlegenheitsdenken nicht wenig stimuliert. Die Ideologie des missionarischen Sendungsbewußtseins hat dabei eine bedeutende Rolle gespielt. Das Wichtigste, was wir über die Zustände in der Welt gelernt haben, bestand in der Aufforderung, daß wir »ihnen helfen müßten«. Das Folgende wird sicherlich vielen bekannt vorkommen:

»Auf Bitte der Missionsausstellung 'Amati' im Jahr 1960 in Eindhoven, sammelten wir mit allen Schülern Geld für ein Radio, das für eine Schule in Borneo bestimmt war. Als wir das Geld beisammen hatten, machten wir ein großes Fest auf dem Ausstellungsgelände und sangen ein Lied, das unsere Schwester verfaßt hatte. Der Text lautete: 'Die Negerlein in Borneo / die hätten gern ein Radio / wir schenken's ihnen einfach so / den Negerlein auf Borneo.' Ich hatte das großartige Gefühl, 'Gutes getan zu haben' und die Hoffnung, daß wir alle zusammen sehr viel machen könnten.«

Solche Erfahrungen bleiben nicht ohne Wirkung auf die Persönlichkeitsentwicklung eines Kindes. Wie siehst du dich selbst, welche Möglichkeiten stehen dir in dieser Welt offen, wie denkst du über andere Menschen? Zur Illustration die folgende Geschichte, die von derselben Frau erzählt wurde:

»Als ich sechs war, sah ich mich selbst in meiner Phantasie als Missionsschwester. Ich fuhr in einem Einbaum in arme Länder und predigte den wahren Glauben.«

Es ist für dieses sechsjährige Mädchen schon vollkommen klar, wer etwas zu sagen hat, und wer zuhören muß. Bezeichnend für die Erfahrungen dieser Frau ist, daß sie selbst in ärmlichen Verhältnissen aufgewachsen ist. Die weiße Überlegenheit verdrängt sogar das der Arbeiterklasse aufgezwungene Unterlegenheitsdenken.

□ Bedrohung der Machtposition

Im allgemeinen bringt es Vorteile, zu den Herrschenden zu gehören: Vorteile in materieller, immaterieller, ökonomischer, psychologischer und politischer Hinsicht (Elias, 1976, S. 24). Auf allen Gebieten sind diese Vorteile gesellschaftlich organisiert und bedingt. Diese Feststellung ist allgemein und gilt nicht für jeden im selben Umfang. Das Prinzip der Unterdrückung verschafft unterschiedlichen Gruppen wechselnde Vorteile. Weiße Frauen haben größere Chancen als schwarze, aber geringere als weiße Männer; Weiße aus der Arbeiterklasse haben Vorteile gegenüber Schwarzen, sind jedoch gegenüber Weißen aus der Oberschicht benachteiligt. Es wäre interessant, einmal zu untersuchen, wie die Chancen im

einzelnen verteilt sind. Es könnte zum Beispiel durchaus sein, daß innerhalb der Arbeiterklasse weiße Frauen besser dastehen als schwarze Männer, jedoch schlechter als schwarze Männer aus der Oberschicht.
Die Vorteile der Weißen kommen dann optimal zum Tragen, wenn die Geschlossenheit der Gruppe bewahrt bleibt. Sie erzeugt ein Übergewicht von Macht, das die Wahrung der Privilegien garantiert. Die bestmögliche Verteilung der Vorteile verlangt folglich von jedem einzelnen, sich den Normen der Gruppe zu unterwerfen. Jedes Individuum bezahlt mit seiner Unterwerfung unter die geltende Norm und nimmt Verpflichtungen auf sich, die für alle bindend sind. Als bedrohend werden diejenigen empfunden, die sich nicht an diese Normen halten. Am deutlichsten erfahren das die Menschen, die die Trennung zwischen Schwarz und Weiß durchbrechen, indem sie Freundschaften schließen, vor allem, wenn es enge Freundschaften oder Liebesbeziehungen sind.
Vor kurzem hat sich in den Niederlanden die Arbeitsgruppe von mit Ausländern zusammenlebenden Frauen gegründet, in der Bundesrepublik 1972 die IAF, d.h.: »Interessenverband der mit Ausländern verheirateten Frauen e. V. – Verband binationaler Familien und Partnerschaften.« Sie wissen ein Lied davon zu singen, wie tief die Verachtung der weißen Mitbürger sitzt. Natürlich werden sie auch von der schwarzen Bevölkerung nicht immer mit offenen Armen empfangen – dazu ist die Angst vor einem Verlust der Einheit, die noch einen gewissen Schutz bietet, zu groß –, verstoßen und erniedrigt werden sie jedoch von ihren Landsleuten.
Neben der schon erwähnten und verdeckten Angst spielen auch Befürchtungen eine Rolle, man könne sich wie mit einer ansteckenden Krankheit infizieren. Es gibt beispielsweise Eltern, die behaupten, nicht zu diskriminieren, ihre eigene Tochter jedoch lieber nicht mit einem schwarzen Mann zusammen sehen. Das Hauptmotiv liegt häufig in der Angst, die Konsequenzen der schlechten gesellschaftlichen Position Schwarzer könnten auf die Tochter übergreifen, denn letztendlich wird der gesellschaftliche Status der Frau im allgemeinen durch den Mann bestimmt. Von daher gibt es auch weniger Bedenken, wenn ein weißer Junge eine schwarze Freundin mit nach Hause bringt.
Es ist frappierend, daß der soziale Status offensichtlich am schwersten wiegt. Die Geschlossenheit der weißen Gesellschaft wird jedenfalls stärker durch eine schwarze Mutter als durch einen schwarzen Vater bedroht. Kinder einer schwarzen Mutter werden in vielen Fällen »schwarz« erzogen und fühlen sich auch als Schwarze, während Kinder, die einen schwarzen Vater haben, meistens eine »weiße« Identität haben, da sie von ihren Müttern in diesem Sinne erzogen werden.

□ Die Information, die verschwiegen wird

Wir sind sehr ausführlich darauf eingegangen, wie weitgehend eine Erziehung zu Rassismus durch falsche Aufklärung bestimmt ist, welche Folgen im emotionalen Bereich entstehen, und in welchem Maße Rassismus auf einem falschen Wissen sowohl über Weiße als auch über Schwarze beruht. Neben falschen Informationen spielt jedoch auch die Nichtvermittlung bestimmter Tatsachen eine bedeutende Rolle; ihr Verschweigen schafft erst die Voraussetzungen für die ungestrafte Weitergabe falscher Informationen.

Falsche Aufklärung und das Zurückhalten von Information gehen Hand in Hand. Alle Fakten, die einer falschen Informierung möglicherweise widersprechen könnten, werden unter den Teppich gekehrt. In Geschichtsbüchern steht vieles und auch wiederum nichts. Viele Lügen und Halbwahrheiten, wenn es um den Anteil der Weißen an der Geschichte geht; nichts, wenn wir etwas über die »schwarze« Geschichte erfahren wollen.

Wo geschwiegen wird, herrscht Unwissenheit. Rassismus basiert deshalb auch zu wesentlichen Teilen auf Nicht-Wissen. Nicht nur die Kenntnis weltgeschichtlicher Prozesse ist mangelhaft, auch wenn es um die aktuelle Situation schwarzer Bevölkerungsgruppen geht, sind wir nur sehr lückenhaft informiert. Unwissenheit läßt sich schwerlich mit einem Bewußtsein der Überlegenheit vereinbaren und führt deshalb zu einer spezifischen Ausprägung rassistischen Verhaltens.

Aus dem Gefühl der Überlegenheit, das nicht erlaubt, sich mangelndes Wissen einzugestehen, resultiert jenes anmaßende Verhalten, das von Schwarzen immer wieder beklagt wird. Es ist sehr schwer, ein solches Verhaltensmuster zu durchbrechen, denn wie bringen wir einem ewigen Besserwisser bei, daß er nicht im Recht ist?

Der Prozeß der Bewußtmachung rassistischen Denkens ist für Weiße recht verunsichernd. Vor und nach einem Rassismus-Training, das ich in Zusammenarbeit mit anderen am Institut für Klinische Psychologie in Utrecht durchführte, wurde eine Kontrolluntersuchung gemacht. Es zeigte sich, daß die Selbstsicherheit der weißen Frauen im Verlauf des Trainings drastisch gesunken war, während sie sich bei den schwarzen Frauen verstärkt hatte. Die Verunsicherung der weißen Frauen ist gleichbedeutend mit dem Zusammenbruch ihres Überlegenheitsdenkens. Je stärker wir uns unserer ungerechtfertigten Überlegenheit bewußt werden, desto schärfer wird unser Blick für unsere Ignoranz, die uns vom den anderen trennt.

Um eine Verbreitung bestimmter Informationen zu verhindern, muß die Gruppe, die totgeschwiegen oder falsch dargestellt wird, von den »anderen«

getrennt bleiben, denn eine »Begegnung« könnte neue und widersprechende Tatsachen ans Licht bringen. Es ist kein Zufall, daß sich gerade diejenigen, die gute Verbindungen zu Schwarzen haben, dem Rassismus widersetzen. Es zeigt, wie wichtig es ist, zu schwarzen Menschen in Kontakt zu treten. Es ist häufig der erste Schritt auf dem Weg zu einer Befreiung vom Rassismus. Allerdings läuft jede(r) Weiße, die/der sich nicht an die vorgeschriebene Trennung hält, Gefahr, aus der weißen Gemeinschaft ausgestoßen zu werden. Eine Untersuchung von Julian S. With macht deutlich, daß die weiße niederländische Gesellschaft viel feindseliger auf eine schwarz-weiße Beziehung reagiert als schwarze Bevölkerungsgruppen.

Messen mit zweierlei Maß

Rassismus wird durch eine falsche Aufklärung und das Verschweigen bestimmter Informationen vermittelt. Eine dritte Möglichkeit, Rassismus zu erzeugen besteht darin, dieselben Tatsachen unterschiedlich zu interpretieren. In Abhängigkeit zur jeweils unterlegenen oder überlegenen Position werden Sachverhalte unterschiedlich verstanden und beurteilt. Betrachten wir beispielsweise unsere Reaktion auf die Verhaltensweisen verschiedener ausländischer Bevölkerungsgruppen, sehen wir deutlich, wie relativ und willkürlich positive bzw. negative Bewertungen zustandekommen. Ein gutes Beispiel in diesem Zusammenhang ist unsere Reaktion auf den Umgang von Ausländern mit unserer Sprache.

Wenn Weiße aus dem englischen, französischen oder deutschen Sprachraum versuchen, niederländisch zu sprechen, reagieren Holländer erstaunt und überrascht; den Betreffenden werden Komplimente gemacht, weil sie so schnell schon ein wenig Niederländisch gelernt haben. Wir setzen im Prinzip nie voraus, daß diese Ausländer unsere Sprache sprechen. Wir stellen alles mögliche an, um sie zu verstehen und um uns verständlich zu machen. Es ist für uns auch völlig normal, daß sich diese Ausländer untereinander in ihrer Sprache unterhalten, niemand würde sich dadurch ausgeschlossen oder bedroht fühlen, und die Holländer stellen ihr Entgegenkommen und ihre Gastfreundschaft unter Beweis. Aber ... das alles sieht ganz anders aus, wenn es um andere geht: um die Gruppe der schwarzen Ausländer. Sie dürfen nicht ihre eigene Sprache sprechen. Wie oft hört man die Bemerkung eines Café- oder Kneipenbesuchers, daß »wir hier in Holland sind und man hier holländisch spricht.«

Vorhandene Sprachkenntnisse werden nicht gewürdigt – im Gegenteil, sie sprechen »gebrochen«, wir machen uns lustig oder äffen sie nach. Sehr oft haben wir wenig Geduld, jemandem, dem es schwerfällt, sich in unserer

Sprache auszudrücken, zuzuhören, geschweige denn, daß wir versuchen würden, ein wenig die andere Sprache zu lernen, um den Kontakt zu vereinfachen.

Daß mit zweierlei Maß gemessen wird, sehen wir in allen Bereichen. Vor einigen Jahren veröffentlichte die »Libelle« (traditionelle holländische Frauenzeitschrift / d. Übers.) einen klassischen Roman aus der Sklavenzeit. Die Sklaven waren die Erzfaulpelze, denen man ständig auf die Finger schauen mußte, während der Plantagenbesitzer als schwer arbeitender, zuverlässiger Mann beschrieben wurde, obwohl selbst noch aus dieser Darstellung herauszulesen war, daß seine Arbeit unvergleichlich leichter war als die der Sklaven.

Geschichtliche Darstellungen enthalten eine Menge eigenartiger Interpretationen. In »Die weite Welt 1959, Ein Jahrbuch für die Jugend« (De wijde wereld, het jaarboek voor de moderne jeugd) steht eine Beschreibung Borneos während des Zweiten Weltkriegs. »Als jedoch während des Zweiten Weltkriegs fremde Truppen Borneo eroberten, flammten die uralten und totgewähnten Kopfjäger-Instinkte der Kayans wieder auf. Mehr als eine verirrte Patrouille fand durch die Hand von Eingeborenen ein grausames Ende im dichten Dschungel Borneos.« (Standaard 1959) Was ist an dieser Art zu töten schlimmer oder instinkthafter als an anderen? Darf sich der Westen, wenn es um Morden oder, wie man es auch nennt, Landesverteidigung geht, noch überlegen wähnen? Sind Gaskammern vielleicht ein Zeugnis einer zivilisierten Gesellschaft?

Die Nachteile der Vorteile

Bei Unterdrückung denken wir automatisch an zwei Parteien, an die Gruppe, die unterdrückt und die, die unterdrückt wird, an Unterdrücker und Unterdrückte. Beide Gruppen spielen eine zentrale, jedoch sehr unterschiedliche Rolle. Die Befreiungsbewegungen haben sich bis heute vor allem für die unterdrückte Gruppe interessiert und unterstellt, daß allein sie das Opfer und der eigentliche Nutznießer einer Veränderung und Befreiung sei.

Die Frauenbewegung, beispielsweise, hat ihre Opferrolle sehr weit gefaßt; sie hat eine strikte Trennung von den Männern vollzogen und sie systematisch als Unterdrücker angeklagt. In den letzten Jahren hat sich jedoch ein anderes Verständnis von Unterdrückung herausgebildet. Die Frauenbewegung sieht sich mit Spaltungen und Konflikten zwischen Frauen konfrontiert, die ihre Ursache in anderen Unterdrückungsformen haben. Der größte Teil der Feministinnen – als Frauen eine unterdrückte Gruppe – gehört, wenn es um andere Formen geht, zu denjenigen, die unterdrücken.

Es zeigte sich, daß der hinter uns liegende feministische Bewußtwerdungsprozeß nun von großem Wert ist. Er versetzt uns in die Lage, unsere Erfahrungen als unterdrückte Frauen umzusetzen, auf andere Unterdrückungsformen zu übertragen und diese besser zu verstehen. Es ist kein Zufall, daß ausgerechnet in der Frauenbewegung die Rassismus-Diskussion schon seit einigen Jahren sehr lebendig ist. Die Notwendigkeit, als Frauen einen gemeinsamen Kampf zu führen, hat eine Bündnisbereitschaft im Zusammenhang mit anderen Unterdrückungsformen geschaffen. Darüberhinaus wird es zum ersten Mal möglich, die unselige Position »der Gegenpartei« differenzierter zu sehen. Eine der wichtigsten Erkenntnisse lautet, daß nicht nur die Unterdrückten, sondern auch ihre Unterdrücker – wenn auch auf eine andere Weise – Opfer derselben Unterdrückungsverhältnisse sind, daß beide Gruppen unterschiedlich unter derselben Unterdrückung leiden und folglich auch an ihrer Aufhebung interessiert sind.
Es gibt die Gruppe der direkt Betroffenen und die der indirekt Betroffenen. Zu den direkt Betroffenen gehören Schwarze, Juden, Kinder, Angehörige der Arbeiterklasse, Behinderte, alte Menschen und Homosexuelle. Indirekt Betroffene sind Weiße, Männer, Nichtjuden, Angehörige der Mittel- und Oberschicht, Heterosexuelle etc.
Die Verwendung der Begriffe direkte Zielgruppe und indirekte Zielgruppe anstelle von Unterdrückte und Unterdrücker bietet die Möglichkeit, von der einseitigen Sichtweise eines Opfers abzurücken und einander nicht länger als Feind und Gegenpartei zu betrachten, sondern als Bündnispartner anzunähern. Rassismus täuscht beide Seiten. Bis jetzt scheinen die Privilegien schwerer zu wiegen als alle Nachteile und auch die Veränderungen, die eine Preisgabe der Überlegenheit mit sich bringen würden. Wie schon gesagt, liegen die Vorteile auf ökonomischem, kulturellem, psychologischem und politischem Gebiet. Weiße verfügen über mehr Geld, mehr Macht, die besten Arbeitsplätze und Ausbildungsmöglichkeiten. Weiße haben immer die besseren Karten. Auch wenn sie von anderen Unterdrückungsformen betroffen werden, sind die größeren Chancen auf ihrer Seite. Diese Vorteile haben stets überwogen, nicht zuletzt, weil die Nachteile aufgrund der Unterdrückungsstruktur nur sehr selten sichtbar werden.
Rassismus ist nicht angeboren, sondern anerzogen. Er wird jedem Individuum wohl oder übel aufgezwungen und hinterläßt einen Berg unverarbeiteter Emotionen. Rassismus bedeutet auch für Weiße emotionale Vergewaltigung und Entmenschlichung. Es ist für Weiße nicht leicht, das zu erkennen, da uns durch Unterdrückung die Sicht versperrt ist. Angepaßtes Verhalten, ohne das Unterdrückung nicht funktionieren würde, macht

blind und gefühllos. Wir wissen und empfinden kaum noch, daß etwas nicht stimmt. So lassen sich die Widerstände umschreiben, auf die wir stoßen, wenn wir zur Entwicklung eines antirassistischen Bewußtseins kommen wollen.
Es ist nicht schwer, »die anderen« rassistischen Denkens zu bezichtigen; viel schwerer ist es, sich der eigenen Rolle bewußt zu werden. Eine Auseinandersetzung mit dem »eigenen Rassismus« wird häufig als »apolitisch« und »psychologisierend« angesehen, sie muß jedoch am Beginn jeder wirkungsvollen antirassistischen Bewegung stehen. Sie eröffnet Möglichkeiten, die Schattenseite rassistischen Denkens, den Prozeß emotionaler Entmenschlichung, auch für Weiße zu erhellen. Dies ist von gesamtgesellschaftlicher Relevanz.
Eine genaue Analyse des Sozialisationsprozesses, der rassistisches Denken befördert, ist eine politische Voraussetzung für persönlichen und kollektiven Widerstand, ein Beitrag zum politisch-gesellschaftlichem Kampf gegen den Rassismus.

Widerstand gegen die Konditionierung

Bisher haben wir beschrieben, wie Rassismus sich langsam, aber gründlich im Bewußtsein der Menschen einnistet, wie wir, wie in einem dichtgewebten Spinnennetz gefangen sind. Wir haben uns in seine Fäden verstrickt, wissen nicht mehr, wie wir uns befreien können, erinnern uns nicht einmal mehr, wie wir da hineingeraten sind. Lassen Menschen dies alles als willfährige Opfer mit sich geschehen, kommt es zu keinerlei Widerstand oder Protest? In dem Kapitel über die Unterdrückung von Kindern haben wir deutlich gemacht, daß Kinder sehr schnell merken, wenn etwas nicht stimmt, und daß sie entsprechend reagieren. Kinder widersetzen sich mit allen Mitteln, die ihnen zur Verfügung stehen. Jede »warum«-Frage bedeutet, daß sie nicht kritiklos akzeptieren wollen, was ihnen erzählt wird. Wutanfälle, Ungehorsam, Protest, Heimlichtuerei – all das sind Formen ihres Widerstandes. Im allgemeinen werden sie nicht als solche erkannt, sondern als unbequemes und ungehorsames Verhalten abgetan. Fast immer ist dieses Verhalten jedoch Widerstand gegen Unterdrückung und Konditionierung. Es ist wichtig, den Respekt vor diesen jugendlichen Protestformen zurückzugewinnen, denn sie bringen zum Ausdruck, daß sich niemand freiwillig für eine rassistische Sozialisation entschieden hat. Wir haben nicht darum gebeten, sie wird uns gegen unseren Willen aufgezwungen. Indem wir jugendlichen Protest anerkennen, schaffen wir uns ein wichtiges Gegengewicht zu den Schuldgefühlen, die

dann entstehen, wenn wir uns des eigenen Anteils am Rassismus bewußt werden. Um den früheren Widerstand erkennbar und verständlich zu machen, greife ich in den Workshops immer auf das Beispiel von Kinderfreundschaften zurück. Es geht darum herauszufinden, mit welchen Kindern wir früher nicht spielen durften. Warum durfte das nicht sein, und wie sind wir mit diesem Verbot umgegangen? Aus den Antworten wird immer wieder deutlich, daß die Kinder, mit denen wir nicht spielen durften, entweder aus einer anderen gesellschaftlichen Schicht kamen, einen anderen sozialen Status hatten, einen anderen Glauben oder ethnischen Hintergrund. Kurzum, aufgrund der durch gesellschaftliche Unterdrückungsstrukturen festgelegten Positionen. Und halten Kinder sich an solche Verbote? Nein, in der Regel nicht, denn für Kinder spielen diese Faktoren keine Rolle. Ein Verbot kann sogar gerade ein Grund für eine besonders enge Freundschaft sein.
Dies war ein Beispiel, wie Widerstand aussehen kann. Wir können weitere entdecken, wenn wir kleine Kinder genau beobachten und versuchen herauszufinden, wann Ungehorsam Protest gegen »kleingehalten werden« ist. Wie oft binden wir Kindern einen Bären auf, und wie oft ist ihnen anzumerken, daß sie sich dagegen wehren? Wenn Kinder älter werden, kommt es zu den ersten Aufspaltungen. Immer häufiger werden Unterschiede als Mittel der Auseinandersetzung gebraucht. Die Konditionierung setzt sich durch. Langsam wird der Widerstand gebrochen, aufgegeben – und die Unterdrückung verinnerlicht. Es gibt zwei ausschlaggebende Gründe für dieses Resignieren:

- Kleine Kinder haben nur individuelle Mittel, um sich zu widersetzen. Sie haben wenig Kontakt zu ihren Leidensgenossen und sind nicht in der Lage, Solidarität zu organisieren. Sie können keine Protestmärsche oder Sit-ins veranstalten. Ihr Widerstand ist isoliert und deshalb schwer aufrechtzuerhalten.

- Ihr Widerstand richtet sich gegen Menschen, die sie lieben und denen sie vertrauen. Liebesentzug und Bestrafung bei schlechtem und Belohnungen für gutes Verhalten sind wichtige Gründe, den Widerstand aufzugeben. Anerkennung ist ein wesentliches menschliches Bedürfnis, und somit ein starkes Machtmittel in den Händen Erwachsener.

Das Akzeptieren von Rassismus

Rassismus beeinflußt alle Menschen. Jede(r) erhält Informationen derselben Art über die eigene Gruppe und über die andere. Das heißt, daß sowohl bei

Weißen wie auch bei Schwarzen das Wissen um die Inferiorität der einen und die Superiorität der anderen Gruppe vorausgesetzt werden kann. Der psychische Druck des Konditionierungsprozesses zwingt uns, diese Informationen zu akzeptieren und sie uns zu eigen zu machen. Sie haben die Wirkung des steten Tropfens, der den Stein höhlt – und ihn deformiert. Schwarze wie Weiße sind von dieser Deformation betroffen, systematisch werden rassistische Gedanken in allen nur denkbaren Variationen in Umlauf gebracht. Der Widerstand ist vereinzelt und darum über kurz oder lang zu brechen. Rassistische Denkstrukturen werden langsam aber sicher aufgenommen und übernommen. Das Ergebnis für beide Gruppen spiegelt sich auf zwei verschiedenen Ebenen wider:
Einmal im Denken und Handeln angesichts der eigenen Person und Gruppe, zum anderen im Denken und Handeln angesichts der anderen. Für beide Gruppen verläuft der Prozeß der Konditionierung qua Struktur identisch, aber das Resultat, das am Ende dieses Prozesses steht, ist völlig unterschiedlich. Es macht einen großen Unterschied, aus der Position des Unter- oder Überlegenen mit diesen Informationen umzugehen, Objekt der Unterdrückung zu sein oder Unterdrückung aktiv auszuüben. Die schwarze Gruppe ist die direkt betroffene, während die weiße dahingehend konditioniert wird, zu unterdrücken.
Der Film »The Eye of the Storm« macht diesen Prozeß sehr deutlich. Eine Schulklasse beschließt, gemeinsam mit der Lehrerin ein Experiment durchzuführen, um herauszufinden, was Unterdrückung ist und welche Folgen sie hat. Die Klasse wird aufgrund eines zufälligen und sichtbaren Merkmals aufgeteilt. Die Kinder der einen Gruppe bekommen einen ganzen Tag lang zu hören, daß sie schlecht, dumm und faul seien, weil sie blaue Augen hätten. Den Kindern mit braunen Augen wird gesagt, sie seien sehr gut, intelligent und lieb. Am nächsten Tag werden die Rollen vertauscht. Die schulischen Leistungen und das Verhalten der Kinder verändern sich direkt. Die »schlechte« Gruppe leistet bedeutend weniger als sonst. Da sich die Schüler fortwährend anhören müssen, wie dumm und schlecht sie seien, scheinen sie wie gelähmt und völlig verunsichert. Das wiederum schlägt sich in den Leistungen nieder. Die schlechten Leistungen bestätigen sie nur noch mehr darin, dumm zu sein. Obwohl sie sich zu Anfang gewehrt hatten, beginnen sie nun, unter dem Druck der negativen Beurteilungen, verstärkt durch schlechte Arbeitsergebnisse, selbst daran zu glauben. Das Urteil von außen wird akzeptiert, verinnerlicht und übernommen. Sie machen sich die Beurteilung so stark zu eigen, daß sie sich und die anderen aus dieser Perspektive beurteilen. Der Prozeß innerhalb der »guten« Gruppe verläuft parallel und hat das entgegengesetzte Ergebnis.

Diese Kinder leisten plötzlich mehr, werden besser und beginnen, Selbstbewußtsein zu zeigen. Es ist schockierend zu sehen, wie schnell sie bereit sind, die andere Gruppe mit allem Negativen zu identifizieren.
Die Kinder lernen so auf eine besondere Weise, nach sich selbst und anderen zu schauen, die eigene Gruppe und die andere zu betrachten. Sie haben sich die vorgegebenen Normen zu eigen gemacht und gehen mit ihnen in der Praxis um. Das Ergebnis besteht darin, daß sie die Last der Unterdrückung auf sich nehmen und sich gegenseitig nach unten ziehen. In der Frauenbewegung kennen wir zur Illustration dieses Vorgangs das Beispiel eines Krabbenkorbes.
Wenn eine einzelne Krabbe aus einem vollen Krabbenkorb kriechen will, wird sie von den anderen wieder nach unten gezogen. Das Leiden an der eigenen Unterdrückung läßt nicht zu, daß sich ein anderer befreit. Die verinnerlichte Unterdrückung kennt Mittel und Wege, sich gegenseitig mit Erfolg unten zu halten. Jedesmal, wenn Schwarze sich selbst oder andere Schwarze nach unten ziehen, abtrünnig werden, sich gegenseitig den Erfolg nicht gönnen, wird diese verinnerlichte Unterdrückung sichtbar. Sie findet sich auch in der Behauptung wieder, daß schwarze Menschen sich gegenseitig unterdrückten und diskriminierten. Eine solche Feststellung ist im Rahmen einer Rassismus-Diskussion nur ein Ablenkungsmanöver. Wenn Schwarze sich gegenseitig diskriminieren, sollten Weiße sich nicht den Kopf darüber zerbrechen. Es ist wichtig zu erkennen, daß wir hier nicht von gegenseitigem Rassismus sprechen können, daß Schwarze nicht dasselbe wie Weiße tun, auch wenn es nach außen hin so aussehen mag. Schwarze befinden sich per Definition in einer grundsätzlich anderen Position. Wir haben es hier mit den Auswirkungen von Unterdrückung, nicht jedoch mit ursprünglicher Unterdrückung zu tun.

Rassismus und verinnerlichter Rassismus

Um den Unterschied zwischen Rassismus und seinen Folgeerscheinungen nicht zu verwischen, ist es wichtig, mit unterschiedlichen Begriffen zu arbeiten.
Rassismus ist das Ergebnis der Konditionierung Weißer. Er ist gleichbedeutend mit Unterdrückung, mit dem Verhalten, Denken und Handeln Weißer, durch das ihre Überlegenheit gefestigt und die Unterlegenheit Schwarzer festgeschrieben wird. Die Konditionierung und Unterdrückung Schwarzer hat ebenfalls Folgen für deren Verhalten, Denken und Handeln. Es ist die *Folge* des eigenen Tuns, die Verinnerlichung von Unterdrückung, nicht Unterdrückung selbst. Wir sprechen von verinnerlichtem Rassismus. Gail

Pheterson macht in einem Artikel über Vorurteile gegenüber lesbischen Frauen einen Unterschied zwischen »verinnerlichter Entfremdung« und »verinnerlichter Unterdrückung« (Pheterson, 1981, S. 85). Rassismus ist demzufolge verinnerlichte Entfremdung weißer Menschen; verinnerlichter Rassismus die verinnerlichte Unterdrückung schwarzer. Dies macht deutlich, daß beide Gruppen einen Verinnerlichungsprozeß durchlaufen, daß auch Weiße ihrem eigentlichen Wesen entfremdet sind. Gleichzeitig zeigt sich, daß dieser Prozeß unterschiedliche Auswirkungen hat. Was sich bei Weißen als Entfremdung auswirkt, bedeutet für Schwarze Unterdrückung. Eine wichtige Schlußfolgerung, die wir hieraus ziehen können, lautet, daß nur Weiße Schwarze unterdrücken können und *niemals umgekehrt.* Zumindest, wenn wir über Rassismus sprechen. Ein schwarzer Mann kann beispielsweise eine weiße Frau vergewaltigen, aber dann haben wir es mit einem sexistischen Verhalten zu tun.
Von Weißen wird manchmal der Begriff »umgekehrter Rassismus« verwendet; hauptsächlich, wenn es um die folgenden beiden Situationen geht:

☐ Weisse, die sich von Schwarzen in einer vorherrschend weissen Kultur ungerecht behandelt fühlen – beispielsweise eine holländische Frau in den Niederlanden.
☐ Weisse, die sich in einer vorherrschend schwarzen Kultur ungerecht oder ungleich von Schwarzen behandelt fühlen – beispielsweise eine holländische Frau in Afrika.

Auch in diesen beiden Fällen handelt es sich nicht um Rassismus. Umgekehrter Rassismus ist ein unglücklich gewählter Begriff, da er Verwirrung stiftet, wer wen unterdrückt. Rassismus ist nicht umkehrbar. Rassismus ist eine Form von Unterdrückung, und von Unterdrückung kann nur dann die Rede sein, wenn es ein Machtgefälle gibt, wenn eine Gruppe in der Gesellschaft die Normen setzt und auf dieser Grundlage andere Gruppen beherrscht. Es gibt kein Land, auch nicht unter den herrschenden schwarzen Kulturen, in dem Weiße nicht hochangesehen wären, als überlegen betrachtet würden. Rassismus ist eine weltweit gültige Ideologie. Die spezifischen Erfahrungen, um die es Weißen geht, daß sie sich unwohl fühlen oder von Schwarzen nicht gerade freundlich behandelt werden, sind für den einzelnen sicherlich unangenehm, Unterdrückung stellen sie nicht dar. Man kann nicht von Unterdrückung sprechen, weil es keine gesellschaftlichen Sanktionen gibt. Die Folgen sind deshalb auch auf den einzelnen beschränkt und nicht von langer Dauer.

Mehr über verinnerlichte Unterdrückung

Verinnerlichte Unterdrückung arbeitet fast nicht sichtbar, aber sehr effektiv. Sie beeinflußt und verändert alle schwarzen Menschen, ebenso wie Rassismus alle Weißen prägt. Ihre Bekämpfung ist mühsam. Es ist ein Kampf gegen eine Normierung, die gesamtgesellschaftlich akzeptiert ist, und darüberhinaus von der eigenen Gruppe und von jeder(m) einzelnen selbst – häufig nicht sichtbar – übernommen worden ist. In der Organisation, in der ich arbeite, ist gut zu verfolgen, welche Mühe es kostet, mit weißen und schwarzen Kolleginnen gleichwertig zusammenzuarbeiten. Von Vorteil ist, daß in dieser Organisation bei Schwarzen und Weißen ein entsprechendes Bewußtsein vorhanden ist, und somit auch die Bereitschaft, sich der Problematik des Rassismus zu stellen und den gegenseitigen Fähigkeiten zu vertrauen. Solch günstige Voraussetzungen gibt es in den meisten Bereichen, in denen Schwarze und Weiße zusammenarbeiten, nicht. Trotzdem zeigt sich, daß auch wir gegenüber Rassismus und verinnerlichtem Rassismus permanent wachsam sein müssen. Gerade eine solidarische Haltung weißer Kolleginnen kann verschleiernde Funktion haben und verinnerlichten Rassismus fördern. Wenn eine schwarze Kollegin ihre Fähigkeiten nicht voll entfalten kann, ist es schwer, dies auf dem Hintergrund der Solidarität weißer Kolleginnen, einem rassistischen Verhalten zuzuschreiben. Die Gefahr, es dem Unvermögen der schwarzen Kollegin selbst anzulasten, ist somit erheblich größer. Dank der Tatsache, daß sich jede weigert, trotz aller unbewußten Zweifel, einer schwarzen Kollegin von vornherein Unfähigkeit zu unterstellen, gelingt es immer wieder, die Situation gut zu analysieren. Jedesmal stellt sich dabei heraus, daß eine schwarze Kollegin im Kollegium und vor der Verwaltung ihre Arbeit entschiedener verteidigen, genauer vermitteln und erklären muß als andere, weiße Kolleginnen. Das ist eine Folge unbewußten Mißtrauens und mangelnden Wissens weißer Frauen. Unwissenheit irritiert, da sie mit einem Bewußtsein, das sich überlegen wähnt, nicht in Einklang gebracht werden kann. Diese Verwirrung wird auf die schwarze Kollegin projiziert, eine Projektion, die sich nahtlos an die verinnerlichte Unterdrückung anschließt, und dazu führt, daß die schwarze Kollegin beginnt, an sich selbst zu zweifeln.

Überall wohin wir blicken sehen wir Schwarze, die unter ihren wirklichen Möglichkeiten bleiben – eine Tatsache, die zur Verfestigung schon vorhandener Vorurteile führt.

Es ist bezeichnend für die Ungleichheit der Machtpositionen, daß die Gruppe, die direkt von Unterdrückung betroffen ist, nicht das Vermögen

besitzt, sich durch Vorurteile und Stigmatisierungen auf dieselbe effektive Weise zu rächen, wie es den indirekt Betroffenen möglich ist.
Fast alle schwarzen Bevölkerungsgruppen kennen einen Namen oder ein Schimpfwort für Weiße – wie Blanda im Indischen oder Ptata im Surinamesischen. Allerdings ist die Wirksamkeit dieser Schimpfwörter gering. Beschimpfungen, die von Unterdrückten kommen, werden oft als Ausdruck einer gewissen Hilflosigkeit verstanden. Eine schwarze Freundin schimpfte einmal wutentbrannt auf einen weißen Mann, der sie auf der Straße absichtlich umgerannt hatte. Obwohl sie eindeutig im Recht war, sahen die Umstehenden in ihr nur eine hysterische Schwarze.
Dasselbe können wir unter Frauen beobachten. Frauen sind immer auf der Suche nach der bestmöglichen Reaktion auf Sexismus, sie versuchen, gemeinsame Strategien zu finden. Die feministisch-sozialistische Zeitschrift »Katijf« hatte einmal einen Wettbewerb ausgeschrieben, in dem es um die schlagfertigste Reaktion ging. Aber das alles bleibt ein Spiel der Machtlosen, keine einzige Entgegnung ist wirklich wirksam – Männer sehen es als Erfolg an, wenn sie bei Frauen Reaktionen provozieren.

Verinnerlichter Rassismus und Vorurteile

Systematisch mit dem Anspruch »wie man zu sein hat« konfrontiert zu werden, löst einen Prozeß aus, in dessen Verlauf man auch wirklich »so« wird. Die Zielgruppe rassistischen Denkens wird sich, mehr oder weniger, wie vorgeschrieben verhalten. Dies hat für eine Bekämpfung des Rassismus fatale Folgen. Da Vorurteile immer auch ein Körnchen Wahrheit enthalten, wird es unter Ausländern immer wieder einzelne geben, die den negativen Klischeevorstellungen entsprechen – Schwarze, die ein Messer aus der Tasche ziehen, ihre Frauen schlagen, dumm oder faul sind, so ließe sich das beliebig fortsetzen. Vorurteile und falsche Informationen bewahrheiten sich aufgrund der Mechanismen einer verinnerlichten Unterdrückung. Sie werden so zu einer brauchbaren Waffe in den Händen derjenigen, die uneinsichtig und argwöhnisch sind.
Norbert Elias nennt in einer Studie über Minderheitsgruppen noch einen anderen Grund, warum sich Minderheitsgruppen den falschen Vorstellungen über sie anpassen: »Ein Teil der Gruppe wird sich, gerade weil er abgelehnt wird, aus Genugtuung und mit großer Hingabe entsprechend diesen Vorstellungen verhalten, wohlwissend, daß die Gruppe, die ablehnt, auf diese Weise gequält werden kann.« (Elias, 1976, S. 45) Dieser Mechanismus spielte wahrscheinlich auch bei einem Vorfall, der sich neulich in meiner Straße ereignete, eine nicht unwesentliche Rolle. Seit kurzem ist eine Bande

marokkanischer Jugendlicher in meiner Gegend aktiv. Es sind Jungen im Alter zwischen 10 und 17 Jahren, dazu gehören auch ein paar holländische Mädchen, die sich um den Anführer scharen. Eines dieser Mädchen tat oder sagte etwas, was dem Anführer offensichtlich mißfiel. Er wies sie sehr autoritär zurecht und schlug ihr ins Gesicht. Das Mädchen ließ das geschehen, wurde weder blaß noch rot und unterhielt sich, so als sei nichts geschehen, mit dem Jungen weiter.

Ein solches Verhalten wird häufig als »kulturelle Eigenart« bezeichnet und toleriert. Das genannte Beispiel gilt dann als Beweis dafür, wie mit Frauen in der marokkanischen Gesellschaft umgegangen wird. Der große Fehler, der hier gemacht wird, liegt darin, Kultur so zu betrachten, als folge sie irgendwelchen »Naturgesetzen«: So ist die marokkanische Kultur, folglich sind auch die Marokkaner so.

In Wirklichkeit haben wir es mit einem Teil von Unterdrückung innerhalb einer Kultur zu tun. Diese Unterdrückung ist nicht spezifisch für eine bestimmte Kultur, sie ist es höchstens in der Erscheinungsform, die sie in dieser Kultur angenommen hat. Es besteht im Westen und auch in der westlichen Frauenbewegung die Neigung, spezifische Formen von Sexismus in anderen Kulturen einerseits schärfer zu verurteilen als die entsprechenden Erscheinungsformen in westlichen Ländern, andererseits sie als »Eigenart« der jeweiligen Kultur zu tolerieren. Diese Verurteilung, beziehungsweise Tolerierung, entspringt einem rassistischen Denken. In Wirklichkeit sind die Unterschiede zwischen verschiedenen Kulturen, wenn es um die Stellung der Frau geht, nicht wesentlich.

Eine Kultur wird durch ihre Geschichte bestimmt

Daß es so schwer ist, das »Spezifische« einer Kultur von Unterdrückung zu unterscheiden, liegt auch daran, daß sich diverse Formen von Unterdrückung im Laufe der Geschichte zwangsläufig verändert haben. Ein Beispiel:

In Amerika gibt es bestimmte schwarze Bevölkerungsgruppen, die sich sehr fett und ungesund ernähren. Das ist eine historisch gewachsene Gegebenheit. In einer früheren Zeit hatten diese Menschen kaum Geld, um Nahrungsmittel kaufen zu können. Das billigste Essen waren für sie die Reste, die von den Reichen zurückgelassen wurden, weil sie ihnen nicht gut genug erschienen. Folglich machte man das Beste aus dieser Situation, und aus dem ursprünglich »schlechten« Essen entwickelte sich eine reiche, spezifische und vielfältige Eßkultur. Historisch betrachtet ein Stück Kultur, das aus Unterdrückungsverhältnissen hervorgegangen ist (Love 1985).

Die meisten Formen heutiger Kultur, auch die der westlichen Länder, sind auf ähnliche Weise entstanden. Ich will hier keine Lanze brechen für einen Verzicht auf kulturelle Gebräuche, die das Produkt von Unterdrückungsverhältnissen sind. Es kommt einer Außenstehenden nicht zu, zu entscheiden, welche Kulturerscheinungen wertvoll genug sind, um erhalten zu bleiben.
Ich erwähne diese Dinge, weil sie mir bei der Bekämpfung von Vorurteilen wichtig erscheinen. Häufig werden Informationen über spezifische kulturhistorische Hintergründe viel zu kritiklos vermittelt. Indem den Auswirkungen von Unterdrückung auf bestimmte Kulturen zu wenig Beachtung geschenkt wird, werden Vorurteile nicht abgebaut, sondern eher noch verstärkt.

Noch etwas über falsche Aufklärung

Die falschen Vorstellungen, die jede(r) in den Niederlanden auf die eine oder andere Weise mitbekommen hat, sind ohne die Tradition des Nikolausfestes und das Missionierungs- und Sendungsbewußtsein der Kirchen nicht denkbar.
Es wird häufig als Übertreibung und Haarspalterei bezeichnet, wenn man sich mit diesen Dingen näher auseinandersetzt. Das Nikolausfest ist doch etwas sehr schönes für Kinder und zudem ein uralter Brauch. So etwas dürfen wir Kindern nicht nehmen. Missionierung ist für viele entweder ein zu »empfindliches Thema«, das man besser nicht berührt, oder wird als etwas, an das man ohnehin schon lange nicht mehr glaubt, beiseite geschoben. Die Antirassismus-Workshops zeigten jedoch, daß es sich hier um einschneidende Erfahrungen handelt. Die Nikolaus-Erfahrungen waren sehr gefühlsbetont und von Angst vor Schwarzen, vor allem vor schwarzen Männern, geprägt. Missionierung setzt vor allem auf ein Bewußtsein weißer Überlegenheit.

»Der schwarze Mann«

Für die meisten Menschen, die in den Niederlanden aufgewachsen sind, war die erste Begegnung mit einem Schwarzen die mit »Zwarte Piet«. »Zwarte Piet« ist vergleichbar mit dem deutschen Knecht Ruprecht; in Holland wird er immer mit einem Schwarzen assoziiert. Ein kleines Kind, das mit etwas Neuem konfrontiert wird, muß sich erst daran gewöhnen, es braucht Zeit, um zu entdecken, ob ihm etwas gefällt oder nicht, ob es etwas damit anfangen kann oder nicht. Für ein Kind, das in einer weißen Familie

aufwächst, ist ein schwarzes Gesicht fremd und neu, wie für ein Kind aus einer schwarzen Welt ein weißes Gesicht zunächst etwas Unbekanntes ist. Es kommt so oft vor, daß weiße Kinder ihre Finger anfeuchten, um herauszufinden, ob schwarze Menschen abfärben, wie umgekehrt schwarze Kinder bei Weißen dasselbe Experiment machen. Entscheidend ist, an was jede(r) gewöhnt ist.
Das Nikolausfest ist jedoch nicht dazu angetan, sich langsam an etwas zu gewöhnen. Die Erwachsenen sind gespannt und aufgeregt, und sie übertragen das auf die Kinder. Plötzlich kommen Menschen herein, die ganz anders aussehen und sich eigenartig verhalten. »Zwarte Piet« – extrem schwarz mit extrem roten Lippen; Nikolaus, alt und merkwürdig gekleidet. Glücklicherweise bleibt er im Hintergrund und verhält sich ruhig. »Zwarte Piet« ist hingegen aufdringlich, läßt sich Händchen geben, verteilt Süßigkeiten, macht Witze, singt, streut Pfeffernüsse aus und springt herum.

Und wie reagieren die Erwachsenen, wenn ein Kind in all diesem Durcheinander anfängt zu weinen? Sie amüsieren sich köstlich, so als sei der beabsichtigte Effekt nun endlich erreicht. Was geschieht mit der Erfahrung, die ein Kind in einem solchen Augenblick macht? Sie löst Unverständnis und Angst aus, und das ist auch eigentlich die Absicht dieses »geheimnisvollen« Festes. Nikolaus verkörpert das Positive, »Zwarte Piet« das Aggressive und Angstbesetzte.
Wer kann sich erinnern, zu Nikolaus nur glücklich und erwartungsvoll gewesen zu sein? Diese Erfahrungen sind mit soviel verwirrenden Gefühlen gepaart, daß sie unsere Einstellung gegenüber schwarzen Menschen viel einschneidender und definitiver bestimmen, als die positiven und normalen Erfahrungen, die wir tagtäglich mit schwarzen Menschen machen. Dazu folgendes Beispiel:
I. ist ein dreijähriges Mädchen. Sie ist regelmäßig bei einer schwarzen Freundin ihres Vaters zu Besuch. Die beiden Familien haben sogar die Sommerferien miteinander verbracht. Während eines Besuchs kurz nach Nikolaus guckt sie M. mißtrauisch an. Diese begreift sofort, worum es geht und sagt: »Tag I., sehe ich aus wie »Zwarte Piet«?« Ihr Vater und ich gucken erstaunt, aber I. sagt ja. Sie besprechen gemeinsam, warum M. aussieht wie »Zwarte Piet« und anschließend, woran man sehen kann, daß M. nicht »Zwarte Piet« ist.
Warum hat die kurze Begegnung mit »Zwarte Piet« einen stärkeren Eindruck hinterlassen als die vielen Stunden, die I. und M. zusammen verbracht haben? Dieses Kind wird im übrigen sehr bewußt erzogen und in ihrer Kindergruppe wurde in diesem Jahr »Zwarte Piet« abgeschafft –

etwas, das glücklicherweise in letzter Zeit immer häufiger geschieht. Trotzdem hat sie »Zwarte Piet« überall um sich herum gesehen. Sie hat ein Buch mit Nikolausliedern, und darin stehen nur zwei Lieder, die »Zwarte Piet« nicht als den Bösen darstellen. In jedem Fall ist an ihren Augen deutlich abzulesen, daß die Erfahrungen mit »Zwarte Piet«, mit dem sie M. identifiziert hat, alles andere als angenehm waren.

Von einer schwarzen Lehrerin hörte ich Ähnliches. In der Nikolauszeit entdecken auch die kleinsten Kinder zum erstenmal, daß sie »anders« als ihre schwarzen Mitschüler sind. Dieses »Anderssein« bedeutet eine positive Entdeckung; und das entspricht unseren Verhältnissen. Die Identifikation mit der Karikatur des »Zwarte Piet« ist sowohl für weiße wie auch für schwarze Kinder nicht gut. In den ersten kritischen Auseinandersetzungen mit der Figur des »Zwarte Piet« wurde vor allem zu bedenken gegeben, daß es für schwarze Kinder nicht gut sei. Schwarze Kinder würden stellvertretend für »Zwarte Piet« beschimpft, und das sei für sie schmerzlich. Aber das ist nur die eine Seite des Problems. Für weiße Kinder bedeutet es: Mißtrauen, Unverständnis, auf der Hut sein vor der Lehrerin, vor den Freunden, vor den Nachbarn, vor Menschen, die sie lieben und denen sie vertraut haben.
Diese Kindheitserfahrungen, die sich auf die Gestalt des »Zwarte Piet« konzentrieren, finden sich in der unbegründeten Angst von Kindern und Erwachsenen vor schwarzen Menschen wieder. Es spricht vieles dafür, daß sich diese Angst stärker auf schwarze Männer als auf schwarze Frauen projiziert. Aus einer Untersuchung über die Bewerbungschancen für schwarze Frauen ergab sich, daß sie größere Chancen besitzen als schwarze Männer. Sexismus wirkt sich an dieser Stelle nicht zugunsten schwarzer Männer aus (Kempadoo 1986). In der Gemeinde Amsterdam ist der Prozentsatz schwarzer Frauen, verglichen mit dem schwarzer Männer, doppelt so hoch wie der Gesamtanteil von Frauen im Vergleich zu dem von Männern. Für Minderheiten insgesamt lautet die Statistik wie folgt: Männer 47,7%, Frauen 52,3%, in der Gemeinde insgesamt: Männer 76,5%, Frauen 23,5%. (Zahlen von 1985)

Missionierung, Sendungsbewußtsein und die Dritte Welt

Aus Erzählungen über die Missionierung Afrikas haben wir zum erstenmal etwas über das Leben und die Existenz schwarzer Menschen erfahren. Wie haben diese Informationen ausgesehen und wie haben wir sie verarbeitet? In erster Linie waren sie sehr stereotyp: Nackte Kinder, Hunger,

Bambushütten – die Menschen sind heidnisch und abergläubisch. Der »weiße« Missionar wird sie bekehren und ihnen die Zivilisation bringen, denn das lernen wir gleichzeitig: »Wir« sind zivilisiert und haben den wahren Glauben, »wir« haben keinen Hunger und sind gut gekleidet. Wenn »sie« ihr Verhalten ablegen und »unseres« übernehmen, können sie gerettet werden und genauso werden wie »wir«. In der sechsten Klasse mußten wir zur Vorbereitung auf unser Glaubensbekenntnis ein eigenes Gebetbuch verfassen. Ich schrieb in einem der Gebete: »Herr, mach, daß sie sich bekehren und erkennen, daß sie Böses tun.«
In einer solchen Atmosphäre sind die meisten von uns aufgewachsen, und die Zeiten haben sich in dieser Hinsicht nicht allzusehr verändert. Gegenwärtig geht es weniger um die Missionierung als um die Dritte Welt. Der Inhalt der Informationen ist jedoch fast gleich geblieben. 1983 sah ich mir einen Zeichenwettbewerb an, der von einem Dritte-Welt-Laden organisiert worden war. Auf vielen Bildern waren Bambushütten und nackte Kinder in Bambusröcken zu sehen. Eine Zeichnung zeigte mitten in einem Dorf einen großen holländischen Lastwagen, der Lebensmittel brachte. Diese Zeichnungen stammten von Kindern, die zweifelsohne schwarze Freunde und Freundinnen, in jedem Fall jedoch schwarze Mitschüler hatten.
1980 wurde von der »Novib«, ein Kinderbuch, herausgegeben. In diesem Buch wird das Leben eines weißen Kindes mit dem eines schwarzen verglichen:
»Weit weg wohnen auch Kinder / aber sie leben nicht genauso wie ihr / denn sie wohnen in armen Ländern. Ihr wohnt in einem Haus / das Haus ist aus Stein / Ihr habt bestimmt ein eigenes Zimmer / mit einem Bett, einem Tisch / einem Schrank / voller Kleider und Spielsachen / Ich sehe euch sitzen / ihr seht fern / Ihr sitzt mit euren Eltern auf einer Couch / die Couch ist gerade neu. Es ist sieben Uhr, ihr müßt zu Bett / ihr habt schon euren Pyjama an / noch schnell ein Glas Milch vor dem Schlafengehen.
Mein Haus ist nicht aus Stein / es ist nicht schön und schrecklich klein / wir haben zwei Stühle und einen kaputten Tisch / wir haben kein Bad, kein WC, kein fließendes Wasser / Ich spiele im Dreck.
In den Läden bei euch um die Ecke könnt ihr alles kaufen / Ihr eßt drei Mahlzeiten am Tag / Ihr eßt eure Teller nicht leer / Nach dem Essen bekommt ihr einen Nachtisch, Erdbeeren mit Schlagsahne.
Ich würde mir auch gern meinen Bauch vollschlagen / meistens essen wir nur einmal am Tag / nach einer Weile habe ich schon wieder Hunger / Im letzten Jahr haben wir für ein paar Pfennige / Saatgut gekauft, wir haben alle mitgeholfen, den Boden zu pflügen / aber die Sonne schien nicht / stattdessen hat es geregnet / und in der letzten Woche ist die Ziege gestorben.

Ihr geht zur Schule / der Klassenraum sieht gemütlich aus / Ihr lernt lesen und rechnen / wenn ihr dumm seid, könnt ihr später nichts erreichen / Eure Eltern haben auch viel gelernt / Euer Vater geht nun jeden Tag zur Arbeit. Ich würde gern Lehrer werden / aber Schuluniformen und Bücher kosten viel Geld / Mein Vater ist nicht zur Schule gegangen / er kann weder lesen noch schreiben / er kann auch keine Arbeit finden.
Ihr habt den ganzen Tag schön draußen gespielt / und nun seid ihr schmutzig / ihr geht ins Bad / und eure Sachen werden in die Waschmaschine gesteckt / Wenn ihr krank seid, kommt der Arzt und der gibt euch einen Saft./ Hinter unserem Haus fließt ein Fluß / der Fluß ist sehr wichtig für uns / Wir gebrauchen das Wasser für alles / Aber weil wir unsere Kleidung, Töpfe und Pfannen und uns selbst darin waschen, ist das Wasser ziemlich schmutzig / Meine Schwester ist davon krank geworden / Es gibt keinen Arzt in unserem Dorf / und ein Krankenhaus haben wir überhaupt nicht.
Und doch leben wir alle in derselben Welt / denn es gibt nur eine Welt. / Und komisch, dazu kommt noch, daß wir von Menschen der Dritten Welt noch sehr viel lernen können. / Nun dürft ihr nicht denken, daß nichts getan wird, um all diesen Menschen zu helfen. / Von den Pfennigen, die eure Eltern verdienen, geht auch einiges in die armen Länder. / Es passiert viel, aber nicht genug. / Es gibt Möglichkeiten, noch mehr zu tun. / Sprecht doch einmal mit eurer Lehrerin darüber. / Und was noch viel wichtiger ist, / *denkt jetzt schon genau darüber nach, wie ihr später, wenn ihr groß seid, mithelfen könnt.«*
Die Botschaft ist mehr als deutlich.
Die Kinder, bei denen ich dieses Buch gesehen habe, sind im Augenblick in Ferien in Kenia. Wie werden sie das alles dort erleben? In ihrem Buch steht, daß wir von den Ländern der Dritten Welt viel lernen können, aber es wird kein einziges Beispiel genannt. Ein Land der Dritten Welt wird anhand dessen, was es nicht besitzt, charakterisiert, »nicht« im Vergleich zu dem, was es im Westen gibt. Ich habe schon einmal den Begriff »nicht-westlich« als Synonym für die Dritte Welt angeführt. Wie können Menschen aus westlichen Staaten, Ländern und Menschen mit Respekt begegnen, von denen sie nur wissen, was diese »nicht« haben und »nicht« sind. Die Überzeugung »besser zu sein« hat sich in unser ganzes Denken und Handeln eingeschliffen – ob wir es wollen oder nicht. Und das Ergebnis: eben gerade die Verwunderung, daß es akademisch gebildete Schwarze gibt, eben gerade die Hochachtung vor Schwarzen, die überzeugend ihre Meinung vertreten, und unsere Reaktion, Schwarzen schnell ins Wort zu fallen, ihnen bestimmte Dinge aus der Hand zu nehmen, für sie das Denken

übernehmen zu wollen. Dazu gehört aber auch der allzu zärtliche Blick, mit dem wir kleine schwarze Kinder ansehen.
Es ist wichtig, daß wir uns diese unbewußten Reaktionen und Beweggründe bewußt machen. Wenn es uns gelingt, ihre Entstehungsgeschichte zurückzuverfolgen, verlieren sie einiges von ihrer unkontrollierbaren und automatischen Gefahr.

5

Eine andere Sichtweise des Rassismus

Zusammenfassend seien noch einmal die Hauptursachen rassistischen Verhaltens genannt:

☐ Die subjektiven Erfahrungen jeder(s) einzelnen, wie sie zunächst in der Kindheit prägend waren und sich später in anderen Erscheinungsformen wie Sexismus und Klassenherrschaft fortsetzen.

☐ Die rassistische Sozialisation: Frustrationen und das Leiden an der Unterdrückung müssen in irgendeiner From abreagiert werden. Wir tun das, indem wir unterdrückerisches Verhalten übernehmen, und gegen diejenigen richten, die auf der sozialen Stufenleiter unter uns stehen. Aus unserer rassistischen Sozialisation haben wir gelernt, dass das vor allem schwarze Menschen sind.

Im vorangegangenen Kapitel haben wir festgestellt, daß Rassismus auch für Weiße nachteilig und belastend ist, daß auch Weiße ein Interesse an einer Bekämpfung des Rassismus haben müssen. Natürlich sind alle Beteuerungen, die Unterdrückungsverhältnisse beenden zu wollen, ein wichtiger Schritt auf einem Weg zu Veränderungen, aber damit ist es nicht getan. Frieden ist nicht die Summe aller friedliebenden Menschen; wir stehen erst am Beginn unserer Arbeit und vor der Frage, wie unsere mehrheitlich akzeptierten und eingeschliffenen Verhältnisse zu verändern sind. Befreiung vom Rassismus erreichen wir nicht durch Absichtserklärungen und auch nicht dadurch, daß wir uns auf eine Mitarbeit in kleinen selektiven Gruppen beschränken. Für eine Befreiung vom Rassismus brauchen wir eine Strategie, die sich prinzipiell an alle wenden will und kann. Die antirassistische Bewegung schließt in ihrer Praxis momentan noch zu viele Menschen aus, auch gesellschaftlich relevante Gruppen werden per se und definitiv abgeschrieben. Mit moralischen Beschuldigungen und Kassandrarufen wird die antirassistische Bewegung keine breite Resonanz in der Öffentlichkeit finden; die meisten wollen ihre Lektion nicht auf diese Weise lernen und sich so für ein Engagement gewinnen lassen. Rassismus ist eine schlimme Sache, aber muß die antirassistische Bewegung deshalb so humorlos und bitterböse auftreten? Es ist verhängnisvoll, weil es eher schadet als nutzt. Mit dem Wissen, das wir über die Haltung Weißer zum Rassismus gewonnen haben, können die bisherigen Methoden ergänzt und erweitert werden. Dazu werden wir uns allerdings intensiver als bisher mit den diversen Erscheinungsformen von Rassismus auseinandersetzen müssen. Es gibt niemanden, der nicht im Verlauf seiner Sozialisation mit Rassismus in Berührung gekommen wäre, die Folgen sind jedoch im einzelnen sehr unterschiedlich. Es gibt Menschen, bei denen diese Erziehung kaum Spuren hinterlassen hat, andere hingegen bekennen sich offen zu ihrem diskriminierenden Verhalten. Rassismus kann über einen ganzen Zeitraum kaum sichtbar unter der Oberfläche schlummern, um dann, wie momentan, wieder zu einem brennenden Problem zu werden. Es bleibt zu fragen, in welcher Weise rassistische Äußerungen individuelle Machtinteressen und Ängste widerspiegeln, und welche Rückschlüsse wir daraus für eine Strategie zur Befreiung vom Rassismus ziehen können.

Eine Überlebensstrategie

Rassismus ist ein Ventil, um angestaute Frustrationen abzureagieren und darüberhinaus der Versuch, die Auswirkungen von Unterdrückung auf andere abzuwälzen. Wir ziehen uns an den Haaren anderer aus dem eigenen Sumpf. Es ist bekannt, daß viele Wähler der »Centrumpartei (rechtsradikale Partei in den Niederlanden) auf der Suche nach einer Möglichkeit sind, drohende Gefahren wie Arbeitslosigkeit, Sozialhilfe oder Wohnungsnot abzuwenden. Eine Untersuchung über das Wahlverhalten von Centrumwählern belegt, daß über 41% ihre Entscheidung mit Protest oder Unzufriedenheit begründen.« (Veldkamp 1984, S. 14) Die meisten haben nicht einfach ohne weiteres extrem rechts gestimmt, nicht bei der erstbesten Gelegenheit. Häufig wurden zuerst andere Wege beschritten. Ein großer Teil der Centrumwähler hat beispielsweise vorher für linke Parteien gestimmt. Das Gefühl, politisch machtlos zu sein, das zeigt diese Untersuchung, ist bei den Wählern der Centrumpartei überdurchschnittlich stark und war ausschlaggebend für ihre Wahlentscheidung.

Frau A. erzählte in einer Frauengruppe folgendes: »Ihr werdet sicherlich nicht damit einverstanden sein, aber ich wähle die Centrumpartei.« Auf die Frage nach ihren Gründen erzählt sie, daß es mit ihrer Wohngegend bergab ginge, daß Ausländer sofort eine Wohnung bekämen, ihr Sohn hingegen nicht, daß sie jahrelang in mehreren Stadtteilausschüssen aktiv gewesen sei, daß das alles jedoch nichts bringen würde, daß sogar ihre eigene Partei, die P. v. d. A (Partij van de Arbeid; vergleichbar mit der SPD) ihr, einer Arbeiterfrau, schon lange nicht mehr zuhöre, da dort die Intellektuellen das Sagen hätten. Sie ist tief enttäuscht und auf der Suche nach etwas anderem. Der größte Teil der Centrumwähler sind keine eingefleischten Rassisten, sondern Menschen, die nicht gehört werden, Menschen, die von der Regierungspolitik in die Enge getrieben werden. Die heuchlerische Ideologie der »Chancengleichheit« gibt jedem, der in soziale Not gerät, daran selbst die Schuld.

Die Centrumparteil befreit die Menschen von diesem Schuldgefühl und sucht den Schuldigen außerhalb. Dazu braucht sich diese Partei nur die Ideen zunutze zu machen, mit denen wir alle – freilich in weniger extremer Form – groß geworden sind. Aus Interviews und Briefen von Centrumwählern wird deutlich, daß sie sich in keiner Weise mit Rassismus identifizieren, und daß sie denken, die Centrumpartei vertrete die wahren Interessen der niederländischen Bevölkerung (Veldkamp 1984, S. 57).

Rassismus ist eine Form, Unzufriedenheit zu äußern; in der Projektion auf eine andere Gruppe wird aus einem Gefühl von Machtlosigkeit heraus versucht, die Folgen der eigenen Unterdrückung auf andere abzuwälzen. Das will sagen, daß sich hinter einem rassistischen Verhalten berechtigte Klagen und Wünsche verbergen, und daß der psychologische Ausgangspunkt eines rassistischen Verhaltens eine individuelle Überlebensstrategie ist, eine Überlebensstrategie, die allerdings sehr destruktiv ist, da sie a) die persönlichen Probleme eines einzelnen nicht lösen kann und b) anderen die Schuld zuweist.

Aber gerade in einer aussichtslosen Situation können sich die Betroffenen etwas Luft verschaffen, indem sie ihre Unzufriedenheit zum Ausdruck bringen, und vor allem, indem sie ihre Probleme auf andere projizieren. Die Erkenntnis, daß sich hinter einem rassistischen Verhalten Überlebensstrategien, berechtigte Klagen und Wünsche verbergen, ist kein Grund, so etwas gutzuheißen, aber sie bietet einen Anknüpfungspunkt, um eine Strategie zur Veränderung zu entwickeln. Menschen suchen nach einem Ausweg, um gehört zu werden, in der Hoffnung, eine Lösung zu finden. Dies sollte sich die antirassistische Bewegung zunutze machen.

Es ist äußerst unbefriedigend und löst in keiner Weise das Problem, wenn wir uns darauf beschränken, unsere an sich berechtigten Forderungen negativ zu formulieren. Wir laufen damit Gefahr, uns ständig zu wiederholen, und uns auf der Suche nach Veränderung immer wieder an denselben Vorurteilen festzubeißen. Es wird viele geben, die für eine konstruktivere Herangehensweise dankbar sind, wenn sie ihnen angeboten wird. In Almere haben politische Parteien und Antifaschismuskomitees durch Hausbesuche bewirken können, daß 50 % aller Centrumwähler ihr Wahlverhalten änderten – nur weil ihnen zugehört wurde und sie endlich eine Möglichkeit erhielten, ihre Unzufriedenheit zu äußern.

Unschuld und Verantwortlichkeit

Rassismus ist eine Konditionierung, die jeden Menschen beeinflußt. Es gibt keinerlei Ausnahmen. Die Konditionierung vollzieht sich gegen den Willen des einzelnen, stößt auf emotionale Widerstände, die jedoch durch ein perfekt funktionierendes System gebrochen werden. Wir können daraus schließen, daß er niemals eine bewußte und gewollte Entscheidung ist. Rassistische Aufklärung verläuft gegen den Willen des einzelnen. Kein Mensch hat sich bewußt für eine solche Aufklärung und ihre Folgen entschieden.

□ UM DEM ZIEL EINER BEFREIUNG VOM RASSISMUS NÄHER ZU KOMMEN, IST ES WICHTIG, NICHT VON DER SCHULD, SONDERN VON DER VERANTWORTLICHKEIT DES EINZELNEN ZU SPRECHEN.

An Unschuld ist nur schwer zu glauben, wenn wir uns die entsetzlichen Folgen rassistischen Verhaltens vor Augen führen. Bovenkerk schreibt in einer Untersuchung über die Beziehungen zwischen Niederländern und Ausländern in einem Altstadtviertel von Utrecht, daß die niederländischen Bewohner ihren ausländischen Nachbarn häufig mit Sympathie begegneten. Leider folgert er daraus, daß sie nicht rassistisch seien, und schiebt so manche rassistische Äußerung, die er im übrigen durchaus erwähnt, leichtfertig beiseite. Daß Menschen nicht bewußt rassistisch sein wollen, bedeutet nicht, daß sie es nicht sind. Es ist wichtig, den Prozeß rassistischer Konditionierung genau zu kennen. Menschen verwenden Vorurteile, die ihnen durch die rassistische Sozialisation vermittelt wurden dazu, um ihr eigenes Elend abzureagieren. Das muß keine böse Absicht sein, aber es ist rassistisch.
Das Prinzip der Unschuld ist aus mehreren Gründen für die Entwicklung einer antirassistischen Strategie von großer Bedeutung.
Aus einem Schuldgefühl heraus den Kampf gegen Rassismus zu führen, hat sich als wenig effektiv erwiesen, nicht zuletzt, weil nur ganz bestimmte Gruppen bereit waren, einen solchen Ausgangspunkt zu akzeptieren. In den 70er Jahren spielte die Schuldfrage eine große Rolle. Ich erinnere mich noch gut an die ersten Gruppen, in denen es um eine Bewußtmachung rassistischen Denkens ging (Peace News 1977). Wir wurden mit der Tatsache konfrontiert, daß jede(r) mit Rassismus aufgewachsen ist, und daß wir dies als erstes erkennen mußten, bevor wir den nächsten Schritt tun konnten. Das Ergebnis war eine fruchtlose Sowohl-als-auch-Diskussion, in deren Verlauf einige eine Beichte ablegten und andere hartnäckig darauf bestanden, mit Rassismus nichts zu tun zu haben.

Niemand findet es angenehm, für etwas die Schuld zu übernehmen, vor allem nicht für etwas, das er nicht gewollt hat. Eine Schuldzuweisung verstärkt nur das Gefühl der Machtlosigkeit. Deshalb liefen auch viele, durchaus ansprechbare Leute weg und kritisierten diese Gruppen.

- Handeln, das aus Schuldgefühl entsteht, trägt nicht zu einer Befreiung von Rassismus bei, da es per definitionem der Ungleichheit der Machtverhältnisse entspringt. Von Schwarzen wird oft beklagt, dass es Weisse gäbe, die sich so schuldig fühlten, dass sie am liebsten vor ihnen im Staub kriechen würden. Mit einem solchen Bewusstsein ist Befreiung nicht möglich.

- Die Schuldfrage beinhaltet eine sehr einseitige Sichtweise und macht die Schwarzen zu den alleinigen Opfern von Rassismus. Schuld verweist nur auf die materiellen Vorteile Weisser in rassistischen Gesellschaften und negiert die Nachteile und somit auch das Interesse von Weissen an einer Aufhebung des Rassismus.

- Darüberhinaus verhindert die Schuldfrage, dass wir unsere Verantwortlichkeit erkennen.

Das Prinzip der Unschuld bedeutet nicht, daß Weiße nicht Schreckliches getan haben, oder daß dies toleriert werden müsse. Es bedeutet nur, daß auch weiße Menschen unfreiwillige Opfer ihrer Geschichte sind. Ein großer Teil der weißen Bevölkerung ist sich seines Rassismus nicht bewußt. In Interviews mit Centrumwählern ist häufig zu hören: »Nein, ich bin nicht rassistisch, und ich habe nichts gegen Ausländer.« Trotzdem geben dieselben Leute ihre Stimme einer Partei, die eine eindeutig rassistische Politik betreibt; es scheint einander zu widersprechen, aber in Wirklichkeit liegt genau hier der wunde Punkt: das Problem des unsichtbar gewordenen Konditionierungsprozesses.
Wenn wir vom Prinzip der Unschuld ausgehen, bedeutet das nicht, daß wir weißen Menschen freies Geleit zusichern, ebensowenig wie wir sie von jeder Verantwortlichkeit freisprechen, im Gegenteil. Indem wir sagen, daß auch Weiße keine Schuld trifft, übertragen wir ihnen die volle Verantwortung für eine Beendigung des Rassismus. Weiße Menschen sind nicht mehr per definitionem rassistisch, sondern durch ihre Erziehung rassistisch konditioniert.
Von »Schuld« zu sprechen, bedeutet, eine Seite in die Opferrolle zu drängen und eine nicht umkehrbare Situation zu schaffen. Der Begriff der »Verantwortlichkeit« ist zukunftsgerichtet und eröffnet Handlungsperspektiven. Es

ist effektiver, Weiße auf ihre Verantwortlichkeit anzusprechen, als ihre Schuldgefühle zu wecken. Ein Handeln auf der Basis von Schuldgefühlen bringt vielleicht kurzfristige Erfolge, über einen längeren Zeitraum sind Menschen auf diese Weise jedoch nicht zu mobilisieren, weil dieser Ausgangspunkt eine Disqualifikation der eigenen Person beinhaltet. Das Prinzip der Verantwortlichkeit enthält grundsätzlich eine positive und verändernde Kraft, weil es nicht negativ besetzt ist. Wir werden nicht auf unsere schlechten Verhaltensweisen angesprochen, sondern auf unsere Möglichkeiten anders zu handeln. Menschen müssen sich nicht mehr verteidigen oder Buße tun – und das setzt neue Energien für eine Aneignung neuen Wissens und anderer Perspektiven frei.

Die Bündnisstrategie

Es ist unsinnig, das Problem des Rassismus halbherzig anzupacken oder sich mit einigen wenigen »Bekehrten« zu begnügen. Wenn das geschieht, entstehen Freiräume, in denen sich gut leben läßt; sobald wir jedoch einen Schritt vor die Tür setzen, schlägt der Rassismus wieder zu. Da Rassismus auf Konditionierung beruht, können wir ihn nur aus der Welt schaffen, indem wir das Übel an der Wurzel packen. Wenn Rassismus bekämpft werden soll, müssen wir bereit sein, uns mit jeder(m) einzulassen. Es sollte nur eine Frage der Strategie sein, an wen die antirassistische Bewegung sich zuerst wendet.
Die Praxis der antirassistischen Bewegung, wie die anderer linker Bewegungen auch, ist dem diametral entgegengesetzt. Progressive weisen allzu oft jede(n), der »rechts« steht, ab. Damit überlassen Linke den Rechten das Monopol, wenn es darum geht, breite Schichten zu mobilisieren. In politischen Bewegungen ist es üblich, sich vor allem auf die strittigen Punkte zu konzentrieren. Aus Angst vor Konformismus hebt man lieber die Unterschiede hervor, statt sich der Gemeinsamkeiten bewußt zu werden. Innerhalb der antirassistischen Bewegung sieht es nicht anders aus. Mancher Antirassist, der zu einer anderen Fraktion gehört, die eine »andere« Linie vertritt, gilt als Rassist oder Neorassist.
Mit diesem Feindbilddenken müssen wir drastisch Schluß machen, um eine Bündnisstrategie zu entwickeln. Wenn wir davon ausgehen, daß alle Weißen potentielle Bündnispartner sind, können wir im nächsten Schritt strategische und praktische Überlegungen anstellen, mit wem wir zuerst ein Bündnis schließen, und wie die effektivste Bündnispolitik aussehen könnte. Die weiße Bevölkerung ist grob in zwei Gruppen einzuteilen:
1. Weiße, die den Rassismus ablehnen

2. Weiße, die sich ihres rassistischen Verhaltens nicht bewußt sind, oder aber offen dazu stehen.

Ad 1. Weiße, die den Rassismus ablehnen. Hierzu zähle ich jede(n), der sich des Problems bewußt ist und die Meinung vertritt, daß Rassismus bekämpft werden muß. Diese Gruppe kann nochmals unterteilt werden in:

- AKTIVE ANTIRASSISTEN

Das sind all diejenigen, die sich dafür entschieden haben, Rassismus, wo immer er ihnen begegnet, zu bekämpfen, und die sich aktiv für dieses Ziel einsetzen. Einige aus dieser Gruppe gehen davon aus, daß alle Weißen, also auch sie selbst, Teil dieses Problems sind. Für sie ist es wichtig, neben politischen Aktionen auch an einer Veränderung des eigenen Bewußtseins zu arbeiten. Ein anderer Teil dieser Gruppe sieht Rassismus hauptsächlich als ein Problem der Gesellschaft, das »andere« Weiße verschuldet haben. Diese Leute werden einer politischen Lösung Priorität einräumen.

- PASSIVE ANTIRASSISTEN

Das sind diejenigen, die der Meinung sind, daß es Rassismus eigentlich nicht geben dürfe, gleichzeitig jedoch nichts weiter dagegen tun. Sie werden selbst nicht bewußt rassistische Standpunkte vertreten oder rassistisch handeln, aber sie werden sich auch nicht dagegen wenden, wenn in ihrem Umkreis etwas passiert. Diese Gruppe betrachtet sich nicht als einen Teil des Problems und will unter Umständen nicht einmal wahrhaben, daß es dieses Problem in ihrer Gesellschaft gibt. Rassismus wird ihrer Meinung nach von anderen (anderswo) praktiziert. Häufig vertreten diese Menschen die Auffassung, es sei eine Art natürlicher Gegebenheit, da »Menschen sich immer bekämpfen werden«, da sie eben von Natur aus schlecht und egoistisch seien.

Ad 2. Weiße, die sich ihres rassistischen Verhaltens nicht bewußt sind, oder Rassismus offen vertreten. Das sind diejenigen, die aufgrund ihrer Konditionierung nicht realisieren, daß es Diskriminierung gibt, oder die davon überzeugt sind, daß es tatsächlich Unterschiede gibt, aufgrund derer zu Recht mit zweierlei Maß gemessen wird. Auch hier gilt es wieder eine aktive und passive Gruppe zu unterscheiden:

- AKTIVE RASSISTEN

Diese Leute schließen sich in rassistischen Organisationen zusammen und verbreiten den Rassismus als eine gerechtfertigte Ideologie. Sie stellen die einzige Gruppe dar, die sich bewußt für Rassismus entschieden hat. Freilich liegt auch dieser Entscheidung, wie jeder anderen Konditionierung, falsche Aufklärung und eigene Unterdrückung zugrunde – aus diesen beiden Aspekten läßt sich ein zielbewußtes rassistisches Handeln erklären. Diese Gruppe wird am schwersten als Bündnispartner zu gewinnen sein. Aber selbst sie darf nicht »aufgegeben« werden, wenn wir dem Rassismus umfassend den Kampf ansagen wollen. Die Überlegung, wie diese Gruppe zu erreichen ist, stellt die größte Herausforderung für die antirassistische Bewegung dar.

- PASSIVE RASSISTEN

Das sind all diejenigen, die sich ihres rassistischen Verhaltens nicht bewußt sind oder davon ausgehen, daß es Unterschiede gibt, die Rassismus legitimieren. Ihr tägliches Handeln und Verhalten wird häufig – ob auf bewußter oder unbewußter Ebene – den Stempel rassistischen Denkens tragen. Ein Teil dieser Gruppe wird für eine rassistische Partei stimmen, aber einige unter ihnen werden, wenn sie begriffen haben, wie Rassismus wirkt, zur antirassistischen Seite überwechseln.

Koalitionspolitik

Diese Aufzählung hat deutlich gemacht, wer schon zu den Bündnispartnern zählt, wer schnell zu gewinnen sein wird, und welche Gruppe nur mit Mühe für ein Bündnis überzeugt werden kann. Es ist wichtig, daß sich zuerst all die, die schon Bündnispartner sind, einig werden und sich – anstatt über Teilaspekte zu streiten – gegenseitig unterstützen und ergänzen.

Eine schwarze Frau sagte kürzlich zu mir: »Für die schwarze Bewegung ist es wichtig, daß weiße Antirassisten untereinander solidarisch sind, daß sie einander ergänzen und weiterbringen, anstatt sich, wie das noch zu oft passiert, gegenseitig zu beschuldigen und zu bekämpfen.« Solidarität und Unterstützung sind zwei sehr wesentliche und notwendige Bedingungen, vor allem in dem jetzigen Stadium des antirassistischen Kampfes. Vor ungefähr acht Jahren haben Weiße damit begonnen, über ihre Position gegenüber dem Rassismus nachzudenken, aber noch immer ist erst die Spitze des Eisbergs sichtbar, obwohl die Entwicklung einer entsprechenden Theorie langsam Gestalt annimmt. Niemand kann behaupten, die Weisheit gepachtet zu haben.

- Die Methoden eines antirassistischen Kampfes stecken noch in den Kinderschuhen, trotz einer reichen antifaschistischen Vergangenheit. Alle Entwicklungen, die wir bis jetzt durchlaufen haben, sind unverzichtbare Teile eines großen Puzzlespiels. Bewußtwerdungsgruppen, politische Aktionen, antirassistische Organisierung, die Vermittlung von Wissen über kulturelle Hintergründe und Zusammenhänge sind alles Teilbereiche, die für sich nicht existieren könnten, die sich ergänzen und dadurch die Entwicklung einer antirassistischen Strategie möglich machen.

● Die Organisierung Weißer für einen Kampf gegen Rassismus kommt in Gang; von einer eindeutig bewußten und gemeinsamen Strategie kann jedoch noch nicht die Rede sein.

● Aus den neuen Erkenntnissen (über die Positionen von Schwarzen und Weißen) wird sich eine neue / andere Zusammenarbeit zwischen Schwarz und Weiß ergeben.

● Die Gruppe aktiver Antirassisten(innen) ist noch beträchtlich klein. Zu den Workshops kommen häufig Leute, die an ihrem Arbeitsplatz oder auch in anderen Lebensbereichen die ersten und einzigen sind, die sich für ein Eintreten gegen Rassismus entschieden haben. Sie stehen häufig allein und sind massiven Widerständen und einem grundsätzlichen Unverständnis ausgesetzt – wobei sie selbst noch auf unsicheren Füßen stehen.

Aus all diesen Gründen ist es wichtig, zwischen den Gruppen, die in unterschiedlichen Bereichen mit antirassistischer Arbeit beschäftigt sind, Koalitionen zu bilden. In diesen Zusammenhängen kann die Entwicklung einer Theorie- und Methodenbildung kritisch beleuchtet und diskutiert werden, hier können Strategie-Diskussionen stattfinden, und hier können Kontroversen ausgetragen werden, und hier können wir uns gegenseitig Mut machen.

Für eine andere Vorgehensweise

Auf diese Weise wird es möglich werden, auf Rassismus erfolgversprechend zu reagieren. Bis jetzt gibt es auf individuelle rassistische Äußerungen unterschiedliche Reaktionen:

☐ Wir ignorieren die entsprechenden Vorfälle. Eine solche Haltung ist, genau betrachtet, gleichbedeutend mit einem Akzeptieren rassistischen Verhaltens. Philomena Essed spricht diesbezüglich von »passivem Rassismus«.

☐ Wir lehnen entsprechende Vorfälle spontan und heftig ab. Das geschieht beispielsweise dadurch, dass jemand deutlich vermittelt, dass er/sie mit bestimmten Dingen nicht einverstanden ist, oder nicht will, dass sie in seinem/ihrem Beisein geschehen.

Spontane Ablehnung ist ein wichtiger Schritt. Andere werden veranlaßt nachzudenken, und es wird deutlich, daß etwas nicht stimmt. Eine derartige Reaktion zeugt auch nach außen hin von einer solidarischen Haltung gegenüber schwarzen Menschen.

Die spontane Ablehnung ist die beste und einzig mögliche Verhaltensweise bei beispielsweise gewalttätigen rassistischen Äußerungen. In solchen Fällen muß schnell eingegriffen werden, und wir haben keine Zeit, um mit Überlegung und Taktgefühl zu reagieren. Dies ist zwar eine ausgezeichnete Reaktionsmöglichkeit, wenn für etwas anderes keine Zeit und Gelegenheit bleibt, aber andererseits löst ein solches Verhalten das Problem nur vorläufig und für kurze Zeit. Wir können nicht sicher sein, daß nicht Ähnliches zu einer anderen Zeit und an einem anderen Ort wieder geschieht. Spontane Ablehnung von Rassismus zielt nicht auf eine Bewußtseinsveränderung und trifft damit nicht den Kern.
Es gibt Möglichkeiten, um Rassismus auch auf der Bewußtseinsebene anzupacken und dadurch eine wirksamere und langfristigere Veränderung zu bewirken. Eine Befreiung von Rassismus muß primär davon ausgehen, daß rassistisches Verhalten auf Konditionierung beruht; von daher müssen die unverarbeiteten Gefühle, die zugrunde liegen, in hohem Maße berücksichtigt werden. Die wichtigste Aufgabe, die sich der antirassistischen Bewegung stellt, ist die Veränderung des Bewußtseins.
Wie können Meinungen verändert werden? Um eine Antwort zu finden, müssen wir uns überlegen, wie so etwas bei uns selbst abläuft. Welche Voraussetzungen müssen erfüllt werden, damit wir bereit sind, unsere Meinung zu ändern? In der Beantwortung dieser Frage liegt der Schlüssel zu einer Lösung. Im Antirassismus-Training stellen wir diese Frage im Rahmen einer Übung (s. Übung 117). Die Voraussetzungen, die als Antwort auf diese Frage genannt werden, sind fast immer annähernd gleich: Vertrauen, Sicherheit, Offenheit, Respekt. Sind diese Voraussetzungen gegeben, sind die meisten bereit, sich anderen Auffassungen zu öffnen, zuzuhören und ihre eigene Meinung noch einmal zu überprüfen. Es stellte sich heraus, daß der Inhalt einer Meinung erst in zweiter Linie von Bedeutung ist. Aber wie sieht in den meisten Fällen eine Reaktion auf rassistisches Verhalten aus? Aus Wut, Ohnmacht und Unverständnis reagieren die meisten Menschen verärgert, belehrend, beschuldigend oder salbungsvoll. Und was passiert, wenn wir auf etwas angesprochen werden, und der erste Satz ist schon eine Zurechtweisung? Uns sträuben sich die Haare, wir errichten eine Mauer um uns herum, wir legen uns einen Panzer zu. Unser Widerstand ist so heftig, daß von Offenheit keine Rede mehr ist.
Zu Recht werden wir wütend, wenn wir rassistischem Verhalten begegnen, aber wenn wir jemanden von seiner Meinung abbringen wollen, reicht es im allgemeinen nicht aus, sich nur abzureagieren. Rassismus-Diskussionen arten dann in Sowohl-als-auch Spielchen aus, die oft in Streitereien und Auseinandersetzungen zwischen Gegnern und Befürwortern

enden. Das geschieht selbst innerhalb der antirassistischen Bewegung. Durch Reaktionen auf rassistisches Verhalten schafft man sich meistens Feinde. Sie führen zu Verhärtung und wachsenden Aggressionen.

Nochmals zur Überlebensstrategie

Aber wie können wir mit Respekt auf Rassismus reagieren? Dazu müssen wir auf einen Begriff zurückgreifen, den wir schon an anderer Stelle verwandt haben: die Überlebensstrategie.
Sich an schwarzen Menschen abzureagieren bedeutet, von den eigenen Frustrationen der Unterdrückung loskommen zu wollen. Hinter diesem Verhalten verbirgt sich der legitime Wunsch nach einem besseren Leben, einer besseren Arbeit und Wohnsituation. Hinter jeder rassistischen Äußerung steckt eine »gute Absicht«. Diese »gute Absicht« kann und darf rassistisches Verhalten nicht rechtfertigen, aber sie kann durchaus ein Anknüpfungspunkt für Veränderungen sein. Rassisten sind, so mächtig und gewalttätig sie auch sein mögen, Opfer, und in dieser Rolle müssen wir sie sehen. Um Rassismus abzubauen, müssen wir lernen, hinter jedem rassistischen Verhalten die »gute Absicht« zu erkennen und unsere Aufmerksamkeit darauf zu richten.
Ein Beispiel: Nicht wenige Eltern verbieten ihren Kindern, vor allem ihren Töchtern, mit schwarzen Geliebten nach Hause zu kommen. Dieses Verbot, für sich betrachtet, ist rassistisch, Die gute Absicht, die dahinter steht, ist der legitime Wunsch, »für sein Kind das Beste zu wollen«. Dieser Wunsch hat sich mit dem rassistisch geprägten Vorurteil, daß Schwarze in dieser Gesellschaft so etwas kaum garantieren können, vermischt. Aufgrund unserer rassistischen Strukturen entspricht dieses Vorurteil teilweise der Wirklichkeit, denn viele Schwarze haben in der Tat wenig Chancen. Wenn wir nun das Verbot, keinen schwarzen Freund haben zu dürfen, mit Respekt zur Kenntnis nehmen, und das ist die Grundvoraussetzung, um jemanden überhaupt zu einem Umdenken zu bewegen, dann hat es keinen Sinn, Rassismus selbst zum Thema zu machen. Wir müssen die gute Absicht, nicht die rassistische Äußerung, respektieren. Rassismus soll häufig dadurch abgeschwächt werden, indem behauptet wird, es gäbe doch durchaus auch nette schwarze Jungen mit einer ordentlichen Ausbildung und einer vernünftigen Arbeit. Solche Bemerkungen dienen nur der Festschreibung rassistischen Denkens; sie untermauern die Auffassung, daß – abgesehen von wenigen positiven Ausnahmen – die Schwarzen insgesamt nichts taugten. Es ist genauso ineffektiv wie die Erklärung, daß nicht alle Schwarzen von Sozialhilfe leben oder daß das Essen der Nachbarn

lecker riecht. Anhand irgendwelcher Statistiken Recht haben zu wollen, ist eine unsichere Sache. Was geschieht, wenn sich die Zahlen ändern? Darüberhinaus dürfen wir die reale Situation – häufig das Resultat des herrschenden Rassismus – nicht falsch einschätzen. Wie wir aus dem Kapitel über verinnerlichte Unterdrückung wissen, haben sich bestimmte Vorurteile in der Realität bestätigt. Um respektvolles Verhalten zu lernen, dürfen wir uns nicht bei dem rassistischen Verhalten selbst aufhalten, sondern müssen uns auf die Suche nach der Überlebensstrategie begeben. In diesem Beispiel beruhte die Überlebensstrategie auf dem legitimen Wunsch, für sein Kind das Beste zu wollen. Man könnte hier ansetzen und mit den Eltern über ihre Sorgen und Ängste sprechen. Diese Ängste haben sich mit einer falschen und rassistischen Aufklärung vermischt, und sie sind die eigentliche Ursache des Verbotes.

In einem Gespräch, in dem diese verdeckten Ängste gesehen werden, ist es viel leichter, die Ängste von den rassistischen Informationen zu trennen. Oft kommt es dann von selbst zu Einsichten in das Wesen des Rassismus. Die schon erwähnte Frau A., die in einer Gruppe erzählt hatte, die Centrumpartei zu wählen, erhielt von der Gruppe alle Chancen, ihre Unzufriedenheit zu äußern. Nicht als bewußte Methode, sondern weil niemand wußte, wie er/sie damit umgehen sollte. Als sie mit ihrer Geschichte zu Ende war, fragte jemand, was denn Ausländer mit ihrer Unzufriedenheit über die Wohngegend, ihrem Sohn und der P. v. d. A. zu tun hätten. Ihre spontane Reaktion war: »Eigentlich nichts, die Bruchbuden, die die kriegen, sind noch viel schlimmer als unsere.« Diese spontane Reaktion gab mir zu denken; sie warf ein bezeichnendes Licht auf das schnelle Umdenken, das hier stattgefunden hatte.

Wenn es in Gruppen um diesen Aspekt einer antirassistischen Strategie geht, kommt es häufig zu deutlichen Reaktionen und Widerständen. Wir sind so sehr daran gewöhnt, negativ und ablehnend zu reagieren, wenn wir mit einer Sache nicht einverstanden sind, – dazu kommt, daß wir ausgesprochen wütend werden. Wieso sollen wir dann auch noch auf ein rassistisches Verhalten vernünftig und respektvoll reagieren? Wir müssen natürlich nicht, es kommt darauf an, was wir erreichen wollen.

Darüberhinaus ist auch nicht jede Situation dazu angetan, verhalten zu reagieren. Worum es hier geht, ist eine Möglichkeit zu benennen, um die Effektivität unseres Handelns zu erhöhen. Es ist nicht der einfachste Weg, den wir hier anbieten. Es scheint, als würden wir uns dem Problem auf Umwegen nähern. Aber letztendlich ist dieser Weg viel zielgerichteter als der scheinbar schnellere, der sich darauf beschränkt, Rassismus spontan abzuwehren und an den Pranger zu stellen.

Die Überlebensstrategie bietet einen praktikablen und praktischen Zugriff. Sie durchbricht den Teufelskreis der Schuldzuweisungen und Anklagen, ohne daß wir alles umstoßen müßten. Wenn wir diese Methode ablehnen, weil sie uns umständlich erscheint, spielen wir der Gegenseite die besten Karten in die Hand. Allerdings erfordert ein solches Vorgehen einige Geduld und Selbstkontrolle. Es gibt einige psychisch bedingte Faktoren, die es weißen Menschen schwer machen, beherrscht und ruhig auf Rassismus zu reagieren.

- An erster Stelle sind das die eigenen Vorurteile. Jede(r) hat bestimmte Informationen über schwarze Menschen erhalten, die sich emotional und auf einer ideologischen Ebene niederschlagen. Aufgrund spezifischer und zufälliger Umstände gibt es eine Anzahl Menschen, die die Möglichkeit hatten zu entdecken, daß diese Informationen nicht stimmten. Damit werden die emotionalen Folgen jedoch nicht ungeschehen gemacht. Es entsteht eine Diskrepanz zwischen »Fühlen« und »Denken«; auf der Ebene des Unbewußten haben wir nach wie vor Angst, daß der andere vielleicht doch Recht haben könnte.
- Zum zweiten spielt die Erinnerung an die Enttäuschung, die uns von anderen Menschen durch rassistische Aufklärung zugefügt wurde, eine Rolle. Dadurch empfinden wir – wiederum auf der Ebene des Unbewußten – Argwohn und Mißtrauen gegenüber anderen Weißen.
- Drittens erinnern wir uns an unsere eigene Unterdrückung. Allzuoft wurden wir mundtot gemacht, wenn wir im Recht waren. Nur nicht zu unbequem sein! Dies macht es uns schwer, selbstsicher und vertrauensvoll zu reagieren.

Es ist wichtig, diese Mechanismen zu erkennen, um die Hindernisse, die uns von einem effektiven Verhalten abhalten, aus dem Weg zu räumen. Das Herausfinden der »guten Absicht« und der »Überlebensstrategie« erfordert einige Übung, aber diese Zeit müssen wir uns nehmen.

- Jemand, der beim Einkaufen fürchtet, daß sich ein Schwarzer vordrängen könnte, sagt nichts anderes als: »Ich möchte, daß mir geholfen wird«.
- Jemand, der behauptet, daß alle Schwarzen von Sozialhilfe leben, hat Angst, daß es ihm auch so gehen könnte, daß ihm durch irgendwelche Einsparungen noch mehr weggenommen werden könnte.

Diese Beispiele machen den Zusammenhang von Rassismus und Überlebensstrategie sehr deutlich. Manchmal sind Dinge jedoch nicht so klar erkennbar, dann fällt es selbst »Fachleuten« schwer, Rassismus zu erkennen. Eine Frau, die eine Antirassismusgruppe leitete, stellte zur Diskussion, daß die Niederländer in ihrer Sorge für ihre ausländischen Mitbürger manchmal zu weit gingen. Als Beispiel führte sie die Klagen einer Bekannten an, die auf einer Sozialstation arbeitete. Die Bekannte war irritiert und verärgert, daß es so viel Arbeit machte, sich auf die Ausländer einzustellen. Gespräche mit ihnen mußte sie immer über einen Dolmetscher führen; das koste viel Zeit und Geld und zwinge sie dazu, ihre andere Arbeit zu vernachlässigen. »Wir passen uns dauernd an, und sie machen nichts.« »Das klingt in diesem Fall doch durchaus vernünftig«, so die Meinung der Frau, »manchmal kann man wirklich zu weit gehen.« Wenn wir diese Erfahrung analysieren, sehen wir folgendes:

- Das Rassistische dieser Erfahrung ist: Ausländer brauchen nichts dafür zu tun. Objektiv betrachtet, wissen wir alle, daß eine solche Behauptung Unsinn ist. Jeder Ausländer, ob er will oder nicht, paßt sich tagtäglich in vielen sichtbaren und nicht sichtbaren Situationen an.
- Die suggerierte Lösung, Ausländer müßten eben niederländisch sprechen, ist keine realistische Forderung, und zudem würde es die Arbeit nicht erleichtern. Erwartet man von Menschen, die oft eine niedrige Schuldbildung haben, sich in Krisensituationen mit Niederländisch zu behelfen, werden sich die Abläufe mit Sicherheit noch mehr verzögern.
- Die berechtigte Klage lautet: Es kostet entsetzlich viel Zeit und Geld, mit Dolmetschern zu arbeiten.
- Die gute Absicht ist: ich möchte gern genug Zeit für alle meine Klienten haben.

Die berechtigte Klage wird auf die Ausländer projiziert; sie werden dafür verantwortlich gemacht. Die ersten beiden Aussagen stimmen nicht, die letzten beiden durchaus. Diese müssen wir näher betrachten. Wenn jemand seinem Ärger erst einmal Luft gemacht hat, entsteht Platz, um die Frustration von der Projektion trennen zu können. Rassismus ist an Situationen und an Personen gebunden. Es gibt zwar unendlich viele Beispiele für stereotype rassistische Äußerungen, andererseits kommen *bestimmte* Bemerkungen von Menschen, die in *bestimmten* Situationen leben. Es wäre interessant, diese Behauptung durch eine Untersuchung nachzuweisen. Damit könnte auch gleichzeitig der Mythos von der besonders rassistischen Arbeiterklasse einmal auf seinen Wahrheitsgehalt hin untersucht werden. Aber hier einstweilen ein paar Beispiele aus meiner eigenen Erfahrung:
Eine Dichterin macht während eines Dichterinnen-Festivals die Bemerkung, daß keine schwarzen Dichterinnen eingeladen worden seien, da sie den Ansprüchen qualitativ noch nicht genügten.
Ein Lehrer stellt fest, daß schwarze Eltern in Schulfragen einfach nicht mitdächten.

Eine Sozialarbeiterin stört sich an den mangelnden niederländischen Sprachkenntnissen von Ausländern.
Ein Ladenbesitzer übrigens auch.
Ein Marktverkäufer beklagt, daß sie immer alles anfassen.
Eine Opernsängerin fragt sich, warum eine schwarze Sängerin ein klassisches Programm und keine Lieder aus ihrem eigenen Land bringt.
Ein Mitglied des Gemeinderates findet, daß ausländische Gruppen mit Subventionen nicht umgehen können.
Eltern verbieten ihren Kindern, mit schwarzen Freunden nach Hause zu kommen, usw.
Jede(r) bringt Rassismus dort zum Ausdruck, wo sie/er in einer bestimmten Lebens- oder Arbeitssituation frustriert worden ist. Daß immer wieder der besondere Rassismus innerhalb der Arbeiterklasse erwähnt wird, hat für sich betrachtet nichts mit Rassismus, aber sehr viel mit Klassenherrschaft zu tun. Durch Klassenherrschaft tritt rassistisches Verhalten offener zutage als bei anderen gesellschaftlichen Gruppen, wo es mehr unter der Oberfläche bleibt.
Während einer öffentlichen Diskussion anläßlich der Veröffentlichung des Antirassismus-Rapports in Amsterdam kam es zu an sich berechtigten, entrüsteten Reaktionen auf rassistische Äußerungen von Straßenbahnkontrolleuren, Straßenarbeitern, Gebäudereinigern, etc. In dem Rapport selbst wimmelte es von Vorurteilen, die jedoch aufgrund ihrer intellektuellen Verbrämung nicht erkannt wurden. Dasselbe läßt sich in der Frauenbewegung beobachten. Als Beispiel für Sexismus wird vor allem der Sexismus auf der Straße angeführt. »Feine Pinkel« pfeifen nicht hinter Frauen her. Ihr sexistisches Verhalten ist schwerer zu durchschauen. Wenn wir Rassismus demaskieren wollen, müssen wir uns auch von einer zu schematischen klassenspezifischen Sichtweise befreien.
Dieses Kapitel hat Möglichkeiten aufgezeigt, wie die Strategie verändert werden könnte, und eine Vorgehensweise beschrieben, die auf den Prinzipien der vollkommenen Unschuld und der vollen Verantwortlichkeit basiert, und die darüberhinaus jede(n) erreichen und niemanden ausschließen will. Es ist mir völlig klar, wie schwer eine solche Bündnispolitik im alltäglichen Leben zu realisieren sein wird. Meine Vorschläge sind jedoch nicht am Schreibtisch entstanden, sondern haben sich aus Konfliktsituationen des Alltags ergeben. Es ist natürlich leicht gesagt: »Reagiere auf die Überlebensstrategie, die sich hinter einem rassistischen Verhalten verbirgt«. Aber wie sieht das konkret aus, wenn wir beispielsweise beim Bäcker stehen? Dennoch ist es wichtig, zunächst einmal diesen Ausgangspunkt zu akzeptieren und sich auf andere Verhaltensmuster einzustellen.

Danach beginnt erst die eigentliche Arbeit. Theorie ist geduldig, die Praxis nicht. Es ist nicht nur eine Frage der politischen Willensbildung, sondern der Neukonditionierung eines Verhaltens, das wir uns gänzlich zu »eigen« gemacht haben.

6

Die Praxis

Ein Buch kann niemals an die Stelle der Wirklichkeit treten (André Brink, 1984, S. 460).

Ende der 70er Jahre begannen verschiedene Gruppen der weißen Bevölkerung ein Problembewußtsein gegenüber dem Rassismus zu entwickeln. Mangelnde Bewußtheit und Unkenntnis hinsichtlich des Anteils Weißer am Rassismus bildeten allerdings den Stolperstein für eine effektive Politik weißer antirassistischer Bewegungen und für die Zusammenarbeit mit der schwarzen Bewegung. Selbst in der heutigen Antirassismusbewegung läuft eine Zusammenarbeit zwischen Weißen und Schwarzen häufig schief. In den Anfangsjahren der Antifaschismus-Komitees gelang es fast nie, Schwarze in die Aktivitäten miteinzubeziehen. Die wenigen Ausländer, die in diesen Komitees mitarbeiteten, blieben in der Regel nicht lange. Es waren die Frauen in diesen Organisationen, die als erste einen Zusammenhang zwischen dem Rassismus innerhalb der Gruppe und den schwierigen Beziehungen zwischen Schwarzen und Weißen erkannten. Die Frauen, die in der Mehrzahl aktive Feministinnen waren, sahen in einer Befreiung vom Rassismus den nächsten Schritt. Sie stellten den Sexismus, den sie auch in den Antifaschismus-Komitees erfahren hatten, zur Diskussion. Aufgrund ihrer Erfahrungen mit Sexismus brauchten sie nicht lange, um den Zusammenhang zwischen Rassismus und der problematischen Zusammenarbeit von Schwarzen und Weißen herzustellen.
Nicht jedes Komitee war ausgesprochen glücklich über diese Entwicklung. Die Komitees hatten sich zum Ziel gesetzt, Aktionen durchzuführen; stattdessen sollte man sich nun mit internen Beziehungsstrukturen auseinandersetzen. Manche Komitees sind in diesen Diskussionen steckengeblieben oder daran gescheitert, andere konnten sie zu ihrem Vorteil nutzen. Wieder andere lehnten eine Auseinandersetzung mit dieser Problematik strikt ab. In Amsterdam ist auf diese Weise das Komitee »Frauen gegen Faschismus« entstanden, das bei einigen Initiativen und Demonstrationen eine wichtige Rolle gespielt hat.
Ein entsprechendes Bewußtsein fehlte auch dort, wo in den 80er Jahren Rassismus zum Streitpunkt politischer Parteien wurde. Dies wurde anläßlich einer großen Demonstration gegen Faschismus und Rassismus 1984 in

Amsterdam sichtbar. Inhaltlich stand diese Demonstration vorrangig im Zeichen des Zweiten Weltkriegs. Sogar der einzige schwarze Redner bezog sich in seinem Beitrag auf diejenigen Schwarzen, die während der Nazizeit ermordet worden waren. Wenn es nur so wäre, daß es keine Beispiele für Rassismus aus jüngster Zeit gäbe! Aktiven Antirassisten muß sehr deutlich geworden sein, daß die Linke zwar den Rassismus als Thema entdeckte, aber kaum Tuchfühlung mit den aktuellen Problemen des Rassismus, beziehungsweise mit der schwarzen Bewegung hatte. In dieser riesigen Demonstration liefen vornehmlich Weiße und auffallend wenige Schwarze mit. Dies stand im krassen Gegensatz zu der Demonstration, die einige Wochen zuvor, von Schwarzen organisiert, gegen den Kindermord in Atlanta stattgefunden hatte. An der Atlanta-Demonstration nahmen nur sehr wenige Weiße teil. So beeindruckend und stimmungsvoll die erste Demonstration war, so beängstigend und beklemmend war die zweite. Schwarze Demonstranten wecken ganz andere Reaktionen als weiße. Während des gesamten Verlaufs dieser Demonstration war Rassismus überall auf den Straßen spürbar und greifbar.

Die Entwicklung der antirassistischen Bewegung bestätigte meine früher gemachten Erfahrungen in der Stadtteil- und Frauenbewegung. Es reicht nicht, allein durch politische Aktionen etwas verändern zu wollen, weil es nicht ausschließlich um eine Verbesserung der materiellen Bedingungen, sondern auch um Veränderung einer tiefverwurzelten Mentalität geht. Die Beeinflussung dieser herrschenden Mentalität ist eine grundsätzliche Voraussetzung, um Veränderungen zu bewirken. Die Frauenbewegung hat in ihrem Kampf um den Abtreibungsparagraphen nicht alles verloren, nur weil es zu einer schlechten gesetzlichen Regelung kam; es wurde auch viel gewonnen, weil viele Frauen nach diesem Kampf anders dachten und handelten. Sie haben eine Entwicklung durchgemacht, die durch kein noch so schlechtes Gesetz zurückgeschraubt werden könnte. Eine politische Bewegung ist erst dann effektiv, wenn sie auf breiten Tragflächen aufbaut. Das wird nur dann zu realisieren sein, wenn die Zielsetzung der Organisation sichtbar und nachvollziehbar ist und betroffen macht. Eine politische Organisation kann sich nur dann entfalten, wenn sie an die direkten Interessen und Bedürfnisse von Menschen anknüpft.

Mein Beitrag zur antirassistischen Bewegung besteht darin, mich auf die »menschlichen« Seiten des Rassismus, vor allem bei Weißen, zu konzentrieren. Ich habe nach »Reibungspunkten« gesucht und hoffe, von da aus Möglichkeiten für Veränderungen zu entdecken.

Selbsterfahrungsgruppen in der Form von Gesprächs- und Therapiegruppen sind in der Frauenbewegung sehr effektiv gewesen. Für viele Frauen

waren sie der Beginn ihrer feministischen Entwicklung. Von diesem Konzept ausgehend, habe ich das Problem des Rassismus in Angriff genommen. Im Laufe der Jahre ist daraus eine Methode entstanden, die einen Einblick in den psychologischen und soziologischen Prozeß rassistischen Denkens ermöglicht. Wir haben eine Reihe wesentlicher Aspekte der Einstellung Weißer zum Rassismus zusammengetragen und wissen nun besser, wie eine bewußte Verarbeitung, die effektiv und politisch ist, initiiert werden kann. Die Gruppen haben auch die Funktion, diejenigen, die sich tagtäglich mit dem Problem des Rassismus auseinandersetzen, zu unterstützen. Sie eröffnen Handlungsperspektiven für alle möglichen Gruppen zur Bewältigung unterschiedlichster Situationen.
Das Bewußtsein des eigenen Standortes, des eigenen Tuns und Denkens, ist für jeden handelnden Menschen äußerst wichtig. Es erhöht die Effektivität und mindert Fehler und Enttäuschungen. Eine Trainingsgruppe erfüllt in diesem Zusammenhang eine wichtige Funktion. Wenn im Verlauf eines Trainings das Denken erst einmal in andere Bahnen gelenkt worden ist, kann eine Bewußtseinsentwicklung vorangetrieben werden.
Eine Sozialisation, die sich in Jahren verfestigt hat, kann selbstverständlich nicht in einer einzigen Trainingseinheit aufgebrochen werden. Aber es kann etwas wachgerüttelt werden; es entstehen Risse, die so schnell nicht wieder zu kitten sind. Ich habe Leute nach einem dreitägigen Training sagen hören, sie hätten das Gefühl, als wäre ihnen der Kopf um 180 Grad herumgedreht worden, und als wäre ihr Blickfeld plötzlich ein völlig anderes. Selbst nach nur einem Trainingstag beginnt sich die Sichtweise zu verändern.
Es ist wichtig, die Trainingsgruppen als Bestandteil einer breitangelegten antirassistischen Strategie zu sehen. Jeder Teil muß seinem wahren Wert entsprechend gewürdigt und im Licht der Gesamtstrategie betrachtet werden. Für sich genommen bringt ein einzelner Aspekt wenig; seine Wirksamkeit ergibt sich erst aus dem Zusammenhang mit anderen Aktivitäten.

● Politische Aktionen prangern Mißstände an und bringen sie großen Teilen der Bevölkerung zu Bewußtsein. Obwohl politischer Aktionismus häufig für sich beansprucht, Veränderungen zu erzwingen und Mißstände zu beseitigen, sieht das Ergebnis in der Regel anders aus. Barrikaden anläßlich der Amtseinführung von Gemeinderatsmitgliedern der Centrumpartei bringen zwar entschiedenen Protest zum Ausdruck, verhindern können sie die Amtseinführung jedoch nicht. Wenn man diesen Anspruch dennoch aufrechterhält, arbeitet man einer allgemeinen Frustration zu, die auf längere Sicht zu Apathie oder Aggression führen kann.

● ANTIRASSISTISCHE ORGANISATIONEN, wie beispielsweise die Antifaschismus-Komitees, versuchen systematisch und gründlich, unter anderem auf Stadtteilebene, Rassismus zu einem Thema zu machen. Leider zeigt sich immer wieder, daß es sehr schwer ist, große Teile der Bevölkerung wirklich anzusprechen. Allzuoft bilden sich zwei Parteien von Befürwortern und Gegnern heraus. Dies hat viel mit der Vorgehensweise der Komitees zu tun, die sich oft darauf beschränken, Schuldgefühle zu wecken.

● AUFKLÄRUNG ÜBER DIE KULTURELLEN HINTERGRÜNDE ETHNISCHER GRUPPEN kann zu einem Verstehen der Geschichte und Lebensweise dieser Menschen führen und ein besseres Verständnis schaffen. Es wird allerdings unmöglich sein, Verallgemeinerungen zu entgehen. Die Informationen beziehen sich jeweils auf die gesamte Gruppe, wobei interne oder individuelle Unterschiede nicht zur Sprache kommen. Auf diese Weise kann ein klischeehaftes Bild »der Türkin«, »der Marokkanerin« oder »der Frau aus der Dritten Welt« entworfen werden, das der einzelnen Frau aus diesen Ländern kaum gerecht wird. Chandra Talpade Mohanty warnt in einem Artikel vor Analysen, die von Verallgemeinerungen ausgehen und damit Vorurteile reproduzieren. Sie hat eine Studie über eine Anzahl weißer feministischer Texte veröffentlicht und gezeigt, daß in ihnen vor allem die Passivität und Hilflosigkeit schwarzer Frauen zur Sprache kam, während das kämpferische Moment unterschlagen wurde. Darüberhinaus gingen die jeweiligen Verfasserinnen auf die Schwachpunkte weißer Kultur überhaupt nicht ein (Mohanty, 1985). Allzuoft stellt sich heraus, daß Vorurteile durch Aufklärung bekräftigt wurden, anstatt abgebaut zu werden. Neben der Wirkung, die sich aus den unvermeidlichen Verallgemeinerungen ergibt, liegt es auch daran, daß diese Informationen mit denselben Ohren gehört und mit denselben Augen gesehen werden, die durch eine jahrelange rassistische Konditionierung verformt wurden.

● DAS BEWUSSTWERDUNGSTRAINING ist eine wesentliche Voraussetzung für effektives antirassistisches Handeln, da sie die Rolle von Weißen sichtbar macht. Ohne Reflektion des eigenen Denkens und Handelns verfallen Weiße, auch im Rahmen der antirassistischen Bewegung, sehr leicht in ein paternalistisches oder sogar rassistisches Verhalten. Wir haben schon einige Beispiele dafür genannt. Es ist allerdings notwendig, daß das Training mit Handlungsperspektiven verbunden wird. Menschen, die sich ihres Rassismus und ihrer Position dazu bewußt sind, daraus jedoch keine Konsequenzen für ihr tägliches Tun und Lassen ziehen, leisten keinen Beitrag zur Befreiung vom Rassismus. Dies ist auch der am häufigsten geäußerte Kritikpunkt an den antirassistischen Trainingsgruppen. An der Praxis gemessen, ist diese Kritik nicht berechtigt. Es sind gerade Leute, die täglich mit Ausländern zu tun haben, die sich für ein solches Training interessieren. Die Frage nach den Handlungsmöglichkeiten ist daher immer von brennendem Interesse.

● Schwarz-weisse Zusammenarbeit Die Befreiung von Rassismus findet sowohl für Schwarze als auch für Weiße auf drei verschiedenen Ebenen statt. Solange ungleiche Machtverhältnisse ein »sozialer Tatbestand« sind, müssen wir davon ausgehen, daß bei jedem beliebigen Zusammentreffen von Schwarzen und Weißen rassistisches Verhalten potentiell vorhanden ist. Um damit so gut wie möglich umgehen zu können, sind in der antirassistischen Arbeit bestimmte Regeln einzuhalten.

Schema VI

Weiß	Schwarz
Bewußtmachtung und Verarbeitung unseres eigenen Rassismus	Bewußtmachung von Rassismus und verinnerlichtem Rassismus
Ausgehend von der Machtposition Weißer Rassismus durchbrechen. Übergabe der freiwerdenden Machtfunktionen an Schwarze	Eintreten für die eigenen Interessen. Machtpositionen übernehmen
Organisierung Weißer für eine Befreiung von Rassismus	Organisierung Schwarzer für eine Befreiung vom Rassismus

Jede Ebene dieses Prozesses erfordert spezifische Voraussetzungen und stellt bestimmte Anforderungen an eine Zusammenarbeit zwischen Schwarzen und Weißen.

● *Bewußtmachung von Rassismus und verinnerlichtem Rassismus:* Sowohl für Schwarze wie für Weiße ist es wichtig, sich die Folgen der Unterdrückung bewußt zu machen. Wo die rassistische Konditionierung für Weiße zu Rassismus führt, erzeugt sie bei Schwarzen verinnerlichten

Rassismus. Ein Teil der schwarzen Gruppe wird sich, und dies gehört zu ihrer Überlebensstrategie, des Rassismus nicht bewußt sein, ein anderer Teil wird verinnerlichten Rassismus nicht bewußt erfahren, das Fortwirken rassistischer Denkstrukturen in ihnen selbst und innerhalb ihrer Gruppe.

Der Prozeß einer Bewußtwerdung verläuft bei Weißen und Schwarzen nicht parallel, da die Ausgangspositionen und die Interessen unterschiedlich sind. Schwarze gewinnen schon durch eine Bewußtmachung viel, während Weiße zunächst erst einmal zurückstecken müssen. Wo in einer schwarzen Gruppe Selbstbewußtsein und Solidarität entsteht, tritt in einer weißen Verunsicherung auf. Der Prozeß wird deshalb in einer schwarzen Gruppe viel schneller ablaufen als in einer weißen. In den Anfangsjahren haben gemischte schwarz-weiße Gruppen viele Probleme aufgeworfen. Weiße Teilnehmerinnen wagten aus Scham und Schuldgefühl nicht, sich zu äußern. Schwarze Teilnehmerinnen wurden angesichts der Scham und Schuldgefühle der Weißen wütend. Ihre Wut wurde noch zusätzlich durch die Erkenntnisse dessen, was Schwarzen im Laufe der Zeit angetan wurde, geschürt und richtete sich in ihrer ganzen Intensität gegen die Weißen. Es gehört natürlich zu den Zielen eines solchen Trainings, diese Art Gefühle zu verarbeiten, in einer gemischten Gruppe haben sie jedoch in erster Linie die Prozesse blockiert. Wir arbeiten nun prinzipiell mit getrennten Trainingsgruppen. Ein günstiger Nebeneffekt dabei ist, daß die schwarze Gruppe sich nicht mehr mit der Rolle, ständig erklären zu müssen, was Rassismus ist, belasten muß; eine Rolle, in die sie durch die weiße Gruppe, die in dieser Hinsicht tatsächlich nichts weiß, immer wieder gedrängt wurde. Die weiße Gruppe wird ihrerseits gezwungen, sich selbst diese Informationen zu verschaffen; die schwarze Gruppe erhält die Möglichkeit, sich auf die eigenen Interessen zu konzentrieren.

- *Das Durchbrechen des Rassismus*

Macht wird viel zu oft nur denjenigen zugeschrieben, die tatsächlich über sehr viel Macht verfügen. Es ist jedoch so, daß jeder Mensch, wie relativ das auch zuweilen sein mag, Macht besitzt. Wenn wir von unserer Macht keinen Gebrauch machen, wird sie gegen uns verwandt. Aufgrund des Rassismus haben Weiße mehr Macht als Schwarze. Die Schlüsselpositionen der Macht werden in unserer Gesellschaft von Weißen besetzt. Es wäre sinnlos, diese Machtpositionen aus Solidarität mit Schwarzen einfach aufzugeben. So etwas würde nur zu einem individuellen Märtyrertum führen. Die weiße antirassistische Bewegung muß vielmehr ihre Macht im Hinblick auf eine Befreiung vom Rassismus nutzen. Macht kann dazu benutzt werden, um zu reagieren, um etwas nicht zu akzeptieren, um Einfluß geltend zu machen und Raum zu schaffen, so daß Schwarze Machtpositionen übernehmen können. Auf dieser Ebene ist ein Kontakt zwischen Schwarzen und Weißen wichtig. Es geht weniger um gemeinsame Aktionen, als um eine Verständigung über diese Aktionen. Der Unterschied aufgrund der Interessenlagen und der Ausgangspositionen ist zu groß, um eine gemeinsame Handlungsebene zu finden, aber wir sehen auch zu oft, daß die Interessen der Schwarzen von Weißen wahrgenommen werden.

- *Organisierung für eine Befreiung vom Rassismus*

Eine gesellschaftlich strukturelle Erscheinung wie Rassismus kann letztendlich niemals durch individuelles, unorganisiertes und isoliertes Handeln beseitigt werden. Eine kollektive Organisierung ist absolut notwendig. Ich spiele hier nicht auf eine eindeutig definierte Organisation an, sondern eher auf etwas, das ich immer als die antirassistische Bewegung bezeichne, einen Zusammenschluß organisierter und unorganisierter Gruppen und Individuen, eine Bewegung, der jede(r) aus persönlicher Betroffenheit angehören kann, ohne ihr irgendwie offiziell oder formell beizutreten, vergleichbar etwa mit der Frauenbewegung. Niemand kann ganz genau definieren, was sie ist und wer sie verkörpert, aber die Betroffenen wissen, daß sie dazu gehören, weil es sich erkennbar und sichtbar im Denken und Handeln jeder einzelnen widerspiegelt.

Das Schema VI macht eine Verbindung zwischen Schwarzen und Weißen deutlich, denn natürlich kann es letztendlich nur um eine gemeinsame und gemeinschaftliche Befreiung gehen. Eine Zusammenarbeit, so wie sie momentan aussieht, läuft fast immer schief, da die Voraussetzungen in der Regel von Weißen bestimmt werden. Dazu kommt, daß sie zu wenig bereit sind, auf die Forderungen Schwarzer, die mit bestimmten Formen nicht einverstanden sind, einzugehen.

Während eines Trainings sagte ein Dozent, daß er dagegen wäre, an Schulen ein Antirassismus-Programm anzubieten. Er hatte ein Jahr zuvor, während eines Antirassismus-Tages, an einer Arbeitsgruppe von Schwarzen und Weißen teilgenommen. Die meiste Zeit ging es um Auseinandersetzungen zwischen den einzelnen Teilnehmern. Während der organisatorischen Vorbereitung der Prinsenhof-Konferenz in Amsterdam (Antirassismus-Konferenz 1984) fühlte sich die schwarze Gruppe genötigt, die Organisation zu verlassen. Das sind keine Zufälle, sondern Situationen, die sich ständig wiederholen. Für eine fruchtbare Zusammenarbeit zwischen Schwarzen und Weißen muß es den Schwarzen überlassen werden zu bestimmen, wie, wann und unter welchen Voraussetzungen eine solche Zusammenarbeit überhaupt möglich scheint.

● *Der Prozeß der Bewußtwerdung*

Bevor ich im einzelnen auf das Training zu sprechen komme, möchte ich noch etwas zum Verlauf des Bewußtseinsprozesses, den Weiße im Hinblick auf ihr rassistisch geprägtes Denken durchlaufen, sagen. Es ist wichtig, die verschiedenen Stadien eines solchen Prozesses zu beobachten und zu erkennen, um zu vermeiden, daß wir uns wie gelähmt fühlen, resignieren oder auf eine falsche Fährte gebracht werden. Es passiert immer wieder, daß Menschen sich von dem Gefühl der eigenen Machtlosigkeit überwältigen lassen. Verschiedene, sehr fähige Trainerinnen haben aufgegeben, weil sie ihrem Gefühl, zu wenig zu wissen, nachgaben. Dieses Gefühl der eigenen Ohnmacht ist die Kehrseite des uns so vertrauten Gefühls, »alles besser zu wissen«. Für sich genommen, entspricht dieses Gefühl durchaus der Realität, denn wenn es um Rassismus geht, haben wir wirklich keine Ahnung.

Auch für Schwarze ist es von Vorteil, einen Einblick in die verschiedenen Stadien zu gewinnen. Sie begegnen weißen Menschen, die sich ohnmächtig fühlen, die um Achtung und Anerkennung bitten, verunsichert sind oder sich schuldig fühlen. Schwarze werden mit »sich bewußt werdenden« Weißen konfrontiert. Eine schwarze Freundin wurde auf dem Abschlußfest der Sommeruniversität 1981 unerwartet von ihr vollkommen unbekannten Frauen gegrüßt und angelacht. – Eine zweifelhafte Ehre. Waren sich die Frauen nach einem Workshop über Rassismus zum erstenmal der Anwesenheit schwarzer Frauen bewußt geworden? Eine schwarze Frau wurde nach einem Interview von der Journalistin gefragt, ob sie, die Journalistin, während des Interviews rassistisch gewesen wäre. Eine Frage, die mit dem flehenden Blick: »Sag bitte, daß ich es gut gemacht habe«, verbunden war. Nicht zu vergessen diejenigen, die sich gegenüber Schwarzen lang und breit über ihre antirassistischen Aktivitäten auslassen und »fishing for compliments« betreiben. Gail Pheterson hat die verschiedenen Stadien der Bewußtwerdung bei sich selbst und in den Gruppen, mit denen sie arbeitete, festgehalten.

Diese Stadien wird jede(r) auf die eine oder andere Weise durchlaufen, nicht immer in derselben Reihenfolge und so, wie es für psychologische Prozesse typisch ist: Wenn wir ein bestimmtes Stadium erreicht haben, fallen wir regelmäßig in ein früheres zurück. Solange es Rassismus gibt, wird sich jede(r) von uns an irgendeiner Stelle dieses Prozesses befinden. (siehe Schema VII)

Schema VII

Der Prozeß der Bewußtwerdung von Rassismus

Negieren von Rassismus
– aktiver oder passiver Rassismus

↓

Wahrnehmen von Rassismus
– weckt Schuldgefühle angesichts
von Vergangenheit und Gegenwart

→ Angst vor Rache

→ Bedürfnis, selbst eine Ausnahme zu sein: »Ich bin anders als die anderen Weißen.«

↓

Bedürfnis, von schwarzen Menschen beruhigt zu werden: »Sag mir, daß du mir nichts Böses tun wirst, sei nett zu mir.« »Sag mir, daß ich ein guter Mensch und Bündnispartner bin, daß ich anders als die anderen Weißen bin.«

↓

Verantwortlichkeit akzeptieren, um Rassismus jetzt und in Zukunft zu bekämpfen.

ist gepaart mit:

Machtlosigkeit, Veränderungen zu bewirken:
»Ich kann nichts, ich weiß nichts.«

↓

führt zu einer Abhängigkeit von schwarzen Menschen: »Sagt mir, was ich tun soll. Wir werden für euch gegen Rassismus kämpfen, wenn ihr uns sagt, wie wir das machen sollen, und wenn ihr uns dazu ermutigt.

↓

Weiße Macht, und vor allem die eigene erkennen

zusammen mit Aufklärung, bestimmten Fertigkeiten und Mut

führt zu autonomer Verantwortlichkeit, um Rassismus aus eigenen Interessen zu bekämpfen

=

dies führt letztendlich zu neuen und anderen Forderungen

- *Erfahren ist Lernen*

Es ist kein Zufall, daß sich im Zuge der politischen Bewußtseinsbildung in den 60er und 70er Jahren der Begriff des »Lernens durch Erfahrung« herausgebildet hat (»Exemplarisch lernen«, Negt, Deppe u.a.). Wissen und Wissen ist zweierlei. Wir können etwas mit unserem Verstand erfassen, theoretisches Wissen besitzen, aber das ist etwas ganz anderes, als sich einer Sache wirklich bewußt zu sein, sie nachempfinden und sich in sie hineinversetzen zu können. Bewußtsein ist mehr als Wissen. Im Lexikon wird Bewußtsein definiert als: »Klares und deutliches Erkennen, das Wissen um die Existenz der eigenen Person oder einer Sache«. (Wolters 1985) An Luttikholt sagt in ihrem Buch über die Arbeit mit Frauengruppen: »Bewußtmachung heißt zu untersuchen, was tue ich / was lasse ich mit mir machen?« (Luttikholt, 1984, S. 47) Bewußtmachung bedeutet, einen Prozeß zu durchlaufen. Rassismus ist erlernt und kann somit auch wieder verlernt werden. Zu oft wird jedoch, der Einfachheit halber, davon ausgegangen, daß es ausreicht, etwas zu wissen. Da Unterdrückung durch emotionale Erfahrungen im Verlauf des Sozialisationsprozesses gelernt wurde, kann durch Wissen allein nichts korrigiert werden. Ein Prozeß der Veränderung wird die Folgen alter Erfahrungen verarbeiten müssen, um den Weg für neue Erfahrungen frei zu machen.

In Kapitel 4 haben wir das Verhältnis von Emotionen zu Erfahrungen untersucht. Wenn wir mit Gefühlen nicht umgehen und sie nicht verarbeiten können, wird eine Erfahrung fixiert und blockiert Veränderungsprozesse. So etwas ist häufig zu beobachten, wenn jemand darauf aufmerksam gemacht wird, eine rassistische Äußerung getan zu haben. In der Regel kommt es zu einer sehr gefühlsbetonten Reaktion, die von Erschrecken, Angst oder Verlegenheit zeugt. Die ganze Situation wird dann blockiert, wenn die Betreffenden nicht zu ihren Gefühlen stehen wollen. Gefühle werden verdrängt, falsches Verhalten wird geleugnet oder verteidigt. Steht jemand zu seinen Gefühlen, schafft das Raum, und die Dinge geraten in Bewegung.

Das Training ist auf »bewußtes Erfahren« ausgerichtet. Es geht darum zu erfahren, daß jede(r) Weiße – ohne Ausnahme – von Rassismus betroffen ist, daß der Sozialisationsprozeß das tägliche Denken und Handeln rassistisch geprägt hat, und zu lernen, eine Flexibilität zu entwickeln, die ein Erkennen und Verändern des alltäglichen Rassismus möglich macht. Ein Training macht Rassismus nicht ungeschehen, aber es kann Perspektiven aufzeigen, die einen anderen – antirassistisch motivierten – Umgang mit dem eigenen und dem Verhalten anderer einleiten. Die Befreiung von Rassismus ist ein langwieriger und nicht einfacher Prozeß, der im Alltag Gestalt

annehmen muß. Das Training, aber auch politische Aktion und Organisation, können diesen Prozeß fördern und zusätzlich stimulieren.
Nicht jede(r) Antirassist/in ist zwangsläufig politisch aktiv. Antirassismus zeigt sich nicht ausschließlich in großen politischen Aktionen und Veranstaltungen, sondern gerade im Alltagsverhalten jeder(s) einzelnen. Große beeindruckende Aktionen werden viel zu stark romantisiert; dadurch gerät Antirassismus leicht zu einer Veranstaltung, die sich fernab unserer persönlichen Sphäre abspielt. Aber gerade das Alltägliche ist ein wesentlicher Bestandteil.

● *Über die Methode*

Die Zusammenarbeit mit Menschen erfordert vor allem Flexibilität und Anpassungsfähigkeit. Es ist wichtig, die Bewegungen der gesamten Gruppe und jedes einzelnen Mitglieds im Auge zu behalten, um reagieren und ein entsprechendes Programm entwerfen zu können. Die Übungen, die hier genannt werden, sind von daher auch nur Beispiele. Sie sollen einen Anhaltspunkt bieten, um die Methode weiterzuentwickeln und sie auf die Bedürfnisse einer bestimmten Gruppe zuzuspitzen. So wurde während des Rassismus-Kongresses der Amsterdamer Ombudsfrau im Jahre 1982 sehr deutlich, daß verschiedene Gruppen unterschiedlich auf dasselbe Programm reagierten. Das allgemeine Programm sah damals vor, sich am ersten Tag mit den Problemen des Rassismus-Sozialisationsprozesses zu beschäftigen und am zweiten Tag zu dem Thema des Rassismus am Arbeitsplatz überzugehen. Frauen, die aus dem sozialen oder kulturellen Bereich kamen, wie Therapeutinnen, Sozialarbeiterinnen etc., kam der geplante Programmablauf sehr entgegen; sie waren es gewohnt, ihre persönlichen Erfahrungen zu artikulieren und hatten damit entsprechend wenig Mühe. Für diejenigen, von denen der Beruf eine strikte Trennung von Person und Arbeit verlangte, war es weitaus schwieriger. Diese Gruppe fühlte sich am ersten Tag sehr verunsichert und in gewisser Weise überrannt; es kam für sie zu plötzlich, über sich selbst sprechen zu sollen. In manchen Gruppen wurde einfach umgekehrt verfahren. Vor allem Juristinnen, Beamtinnen und politisch aktive Frauen redeten zunächst über ihre Arbeitserfahrungen, um dann am zweiten Tag die Verbindungslinien zu ihrer eigenen Sozialisation zu ziehen.
Im Training wird vielfach in kleinen Gruppen oder zu zweit gearbeitet. Eine kleine Gruppe senkt für viele Menschen die Schwellenangst. Vor allem in Zweiergruppen finden sie genügend Sicherheit und Raum, um wirklich den eigenen Bewußtseinsprozessen folgen und sie verarbeiten zu können.

Für eine Arbeit in relativ kleinen Gruppen spricht zudem, daß das Training Teile enthält, die nicht in einer großen Gruppe verarbeitet werden sollten; wenn beispielsweise bestimmte Übungen die Vorurteile gegenüber Schwarzen ansprechen, kommt es in großen Gruppen leicht zu einer Verfestigung dieser Vorurteile.
Wenn mit einer Gruppe von Schwarzen und Weißen gearbeitet wird, ist es in jedem Fall wichtig, Subgruppen zu bilden. Wir haben die Vorteile getrennter Trainingsgruppen für Schwarze und Weiße schon angesprochen.

Trotzdem können Situationen entstehen, in denen es gerade gut ist, ein gemeinsames Training durchzuführen. Die Subgruppen garantieren in jedem Fall genügend Sicherheit, um sowohl getrennt als auch gemeinsam einen Prozeß zu durchlaufen.
Es ist wichtig, daß die Arbeit an der Herausbildung eines antirassistischen Bewußtseins nicht ausschließlich in den Händen sogenannter Spezialisten liegt. Für eine Befreiung vom Rassismus dürfen wir uns nicht von Antirassismus-Experten abhängig machen. Das antirassistische Wissen muß so breit wie möglich gestreut werden. »Kantharos« (ein weißes Frauenkollektiv für die Befreiung vom Rassismus) geht deshalb davon aus, daß vor allem mit den Leuten gearbeitet werden sollte, die ein weites soziales Umfeld haben. Wenn wir von einer Schule oder Hochschule gebeten werden, ein Training durchzuführen, erachten wir es für notwendig, daß die eigenen Dozenten aktiv teilnehmen, damit sie lernen, das Training nach einiger Zeit eigenständig zu leiten. Während des Trainings sollte so ausführlich wie möglich erklärt werden, wie und warum die einzelnen Abschnitte aufeinander aufzubauen sind. Zum einen ist es für jede(n) angenehm zu wissen, was sie/er tut, zum anderen bekommen die entsprechenden Leute einen Blick für die Übertragbarkeit der Methode. Es stimuliert die Teilnehmer/innen, das Training oder Teile davon in andere Zusammenhänge zu übersetzen.
Es empfiehlt sich allerdings nicht, jeder(m) die Leitung einer Antirassismusgruppe anzuvertrauen. Um zu guten Ergebnissen zu kommen, sind genaue Kenntnisse des Prozesses rassistischer Konditionierung erforderlich. Um Einblick in den Prozeß rassistischer Konditionierung und Dekonditionierung zu bekommen, ist es empfehlenswert, selbst diesen Prozeß mitzumachen, selbst diese Erfahrung zu sammeln. Wir können andere nicht bei ihrer Befreiung von rassistischem Denken unterstützen, wenn wir nicht an unserer eigenen Befreiung gearbeitet haben.
Das Training umfaßt meistens einen Tagesabschnitt, einen ganzen Tag, drei oder acht Sitzungen. Es liegt auf der Hand, daß ein dreitägiges oder

ein acht Sitzungen umfassendes Training am reizvollsten ist, weil es Möglichkeiten bietet, einen Prozeß in Gang zu setzen und eine Entwicklung zu erfahren. In acht Sitzungen, die beispielsweise einmal wöchentlich stattfinden können, ist es machbar, auf aktuelle Ereignisse einzugehen, bestimmte Arbeitsaufträge zu erteilen und Erfahrungen durchzusprechen. Wenn ein dreitägiges Training nach einem halben Jahr wiederholt wird, können wir überprüfen, wie die Ideen in die Praxis umgesetzt wurden, können die Erfahrungen der Teilnehmer/innen verarbeiten und eventuell korrigieren. Während eines Trainings erscheint eine andere Sicht- und Verhaltensweise oft greifbar nahe, aber in der Praxis ist es alles andere als einfach, an eine Sache anders heranzugehen. Das ist eine Warnung, die ich auch im Hinblick auf dieses Buch aussprechen möchte. Papier ist geduldig, das alles mag sich sehr schön anhören und vielleicht sogar etwas simpel klingen. Im Alltag liegen die Dinge nicht so einfach – das sollte uns nicht abschrecken, jedoch, auch während eines Trainings, bewußt werden. Das acht Sitzungen umfassende Training eignet sich hervorragend dazu, Leute für eine selbständige Durchführung auszubilden. Der eigene Lernprozeß kann ausgewertet und analysiert werden, um dann gemeinsam Schlußfolgerungen zur Methode und Vorgehensweise zu ziehen. Die Trainingsgruppe selbst kann als Versuchsfeld dienen. Wenn es Teilnehmer/innen gibt, die außerhalb ein geeignetes Versuchsfeld haben, kann die Gruppe auch als Supervisor auftreten.

Das Training

Dem Training gehen Gespräche und Absprachen voraus, in denen Angebot und Nachfrage aufeinander abgestimmt werden. In den meisten Fällen wird ein Training von einer Behörde oder Institution – und nicht unbedingt auf Wunsch der Teilnehmer/innen – beantragt. Wenn ein Training auf Bitten der Teilnehmer/innen zustande kommt, ist es im allgemeinen selbstverständlich, daß mit ihnen oder einer(m) Beauftragten die Wünsche in groben Zügen durchgesprochen werden. Das ist weniger der Fall, wenn eine Einrichtung der Meinung ist, daß ein Training für die Teilnehmer/innen wichtig sei. Das ist beispielsweise gegeben, wenn Antirassismus ein Thema des Unterrichtsplanes ist. Das Training steht und fällt jedoch mit der aktiven Teilnahme der Anwesenden. Mit einer Gruppe oder auch nur einem Teil einer Gruppe, die den Zweck eines solchen Trainings nicht einsieht, können wir nicht arbeiten. Zu versuchen, jemanden im Verlauf des Trainings von der Wichtigkeit zu überzeugen, kostet sehr viel Zeit und entspricht nicht den Zielvorstellungen. Darüberhinaus verlangt es einen zu großen persönlichen Einsatz.

Einige Male mußten wir diesbezüglich sehr frustrierende Erfahrungen machen. So gab es eine Gruppe Studenten der Sozialakademie, die sich mehrheitlich für ein Training entschieden hatten. Die Minderheit verhielt sich jedoch nicht einmal loyal. In der ersten Stunde stellten sie ununterbrochen alles zur Diskussion und weigerten sich, die Übungen auszuprobieren. Die Trainerin beschloß damals, nur noch mit den Leuten weiterzuarbeiten, die wirklich mitmachen wollten. Daraufhin verließ ein Teil der Gruppe den Raum. Für beide Gruppen war dies die befriedigendste Lösung. In einem anderen Fall hatte eine Gruppe zwar einem Training zugestimmt, jedoch nicht die Möglichkeit gehabt, ihre Bedürfnisse vorher zu formulieren. Während des Trainings stellte sich heraus, daß das Programm kaum mit den Wünschen der Gruppe übereinstimmte. Damals wurde im Nachhinein eine Besprechung eingeschoben, und das Programm wurde entsprechend geändert, um wirklich alle Teilnehmer/innen für eine aktive Mitarbeit motivieren zu können. Anhand dieser Erfahrungen müssen zwei Grundvoraussetzungen zur Bedingung gemacht werden:

- Alle Teilnehmer/innen müssen gegenüber dem Training prinzipiell positiv eingestellt sein.
- Wenn möglich, werden die Wünsche und Erwartungen der Gruppe zuvor abgefragt, um auf dieser Grundlage ein Programm ausarbeiten zu können.

● Programmgestaltung

Auf der Grundlage der geäußerten Wünsche entwirft die Trainerin ein Programm. Wie eng oder weit ein Programm gesteckt wird, hängt unter anderem auch davon ab, wieviel Erfahrung die Trainerin mit den entsprechenden Gruppen hat. Im ersten Jahr machte ich sehr kompakte Programme, die Teile enthielten, bei denen ich sicher war, daß sie ankommen würden. Auf Dauer lernt man jedoch, sich auf eine Gruppe einzustellen und die vielen Variationsmöglichkeiten, die das Basisprogramm bietet, auszuschöpfen. Die Flexibilität in der Programmgestaltung hängt auch von der zur Verfügung stehenden Zeit ab. Um auf Wünsche und Erwartungen eingehen zu können, muß genug Zeit sein, um diese Wünsche auch auf den Tisch bringen zu können. In einem Training, das nicht einmal über einen ganzen Tag geht, bleibt dafür keine Zeit. Ein eintägiges Training bietet die Möglichkeit, das Nachmittagsprogramm auf dem Hintergrund der Erfahrungen des Morgens entsprechend zu ändern.
Es ist jedoch selbst bei einem dreitägigen Training wichtig, den Gesamtablauf vorzuprogrammieren, so daß das Training auf die allgemeine Zielsetzung gut abgestimmt ist. In einzelnen Punkten kann es immer noch in bestimmten Situationen korrigiert werden.

● ZIELSETZUNGEN

Zu Beginn eines Programmentwurfs steht die Formulierung der Trainingsziele. Es ist wichtig, ein »erreichbares« Ziel zu haben. Dazu muß es auf das übergeordnete Trainingsziel, die Wünsche und Erwartungen der Gruppe, die verfügbare Zeit und die Größe der Gruppe abgestimmt werden.
In einem Training, das nur über einen bestimmten Tagesabschnitt geht, kann man nur drei Stunden effektiv mit einer Gruppe arbeiten. In dieser Zeit kann nicht mehr geschehen, als eine erste Vermittlung der Grundidee; von einem Training kann eigentlich nicht die Rede sein. Es geht eher um einen Vortrag oder einen ganz bestimmten Abschnitt eines breiter angelegten Antirassismusprogramms. So etwas findet vor allem unter anderem an Sozialfachschulen oder Pädagogischen Hochschulen statt. Zu Beginn eines im Lehrplan festgelegten Antirassismus-Projektes kann »eine andere Betrachtungsweise des Rassismus« einen guten Einstieg vermitteln.
Das Ziel einer dreistündigen Veranstaltung kann beispielsweise lauten:

□ DIE KONFRONTATION MIT DEM GEDANKEN, DASS RASSISMUS JEDE(N) WEISSEN BETRIFFT, UND DASS JEDE(R) AUFGRUND DER SOZIALISATION DURCH RASSISTISCHES DENKEN BEEINFLUSST IST.

Das Ziel eines eintägigen Trainings kann etwas weiter gesteckt werden, doch bleibt es auch an einem Tag dabei, Erfahrungen anzutippen und einen Prozeß einzuleiten, der hoffentlich in anderen Zusammenhängen fortgesetzt wird. Ein erreichbares Ziel wäre:

□ ERFAHREN, DASS JEDE(R) DURCH IHRE/SEINE SOZIALISATION MIT UNTERDRÜCKUNG UND RASSISMUS INFIZIERT WURDE. LERNEN, DIE EIGENE UNTERDRÜCKUNG SO UMZUSETZEN, DASS SIE UNS BÜNDNISFÄHIG MACHT.

In den nachfolgenden Übungen werden wir sehen, wie uns die Bewußtwerdung der eigenen Unterdrückung Erkenntnisse über Unterdrückung im allgemeinen vermittelt. Dies ist insofern wichtig, als damit eine Quelle angezapft wird, die über das Training hinaus einen weiterführenden Erkenntnisprozeß erzeugt.

Im Rahmen eines dreitägigen Trainings können anspruchsvollere Ziele formuliert und ein echter Verarbeitungsprozeß kann eingeleitet werden. Das Ziel eines dreitägigen Trainings ist dann:

□ DIE BEWUSSTMACHUNG UND VERARBEITUNG, UND AUF DEM HINTERGRUND DIESER ERKENNTNISSE EINE BÜNDNISFÄHIGKEIT ENTWICKELN; PERSPEKTIVEN FÜR EINEN ANDEREN UMGANG MIT DEM ALLTÄGLICHEN RASSISMUS AUFZEIGEN; DIE ERSTEN SCHRITTE FÜR EINE BEFREIUNG VON RASSISMUS IN

VERBINDUNG MIT DER PERSÖNLICHEN ARBEITS- UND LEBENSSITUATION MARKIEREN.

Wenn eine Gruppe achtmal zusammenkommt, eröffnen sich wiederum andere Möglichkeiten. Dann kann beispielsweise der Schwerpunkt auf antirassistisches Handeln im täglichen Leben gelegt werden. Ein achtmaliges Training ist hervorragend geeignet, Menschen dazu auszubilden, selbst ein Training zu leiten. Die oben formulierte Zielsetzung kann dann erweitert werden.

□ VERARBEITEN DER VORLIEGENDEN ERFAHRUNGEN MIT ANTIRASSISTISCHEM HANDELN IM ALLTAG; ÜBERLEGUNGEN, INWIEFERN DIE FOLGENDEN SCHRITTE EVENTUELL KORRIGIERT WERDEN MÜSSEN.

Wenn das Ziel darin besteht, Leute für die selbständige Leitung eines Trainings auszubilden, kann ergänzend hinzugefügt werden:

□ AUSWERTUNG DES EIGENEN LERNPROZESSES; DAS UMSETZEN DES GELERNTEN IN EIN ANTIRASSISTISCHES TRAININGSPROGRAMM; EINÜBUNG UND BEWERTUNG DIESES ENTWURFS.

● *Arbeitsformen*

Unter Arbeitsformen verstehe ich einerseits die verschiedenen Methoden, die angewandt werden, um bestimmte Themen anzusprechen, andererseits die unterschiedlichen Zusammensetzungen von Gruppen, die nötig sind, um die einzelnen Trainingsteile optimal bearbeiten zu können.

● *Zusammenstellung der Gruppen*

Zweiergruppen: In einem Großteil der Übungen wird zu zweit gearbeitet. Das Training soll die Bewußtmachtung und Verarbeitung des individuellen Sozialisationsprozesses ermöglichen. Dazu ist sehr viel individuelle Zeit und Konzentration erforderlich. Zudem wird durch die Arbeit in Zweiergruppen eine vertrauliche Atmosphäre geschaffen, in der die oft sehr persönlichen und emotionalen Erfahrungen leichter ausgesprochen werden können.

Die Arbeit in Zweiergruppen verläuft wie folgt: A und B sitzen sich gegenüber und haben gleich viel Zeit, um zueinander zu sprechen. A beginnt zu reden, B hört aktiv zu, das heißt, mischt sich nicht in die Gedankengänge von A ein, ermuntert A jedoch zum Weiterreden. Wenn die Zeit von A um ist, erhält B das Wort. B reagiert nicht auf das, was A gesagt hat, sondern folgt den eigenen Gedanken. Nun hört A aktiv zu.

Subgruppen: Die Gruppe wird in kleine Gruppen unterteilt. In den meisten Fällen geschieht das nach funktionalen Gesichtspunkten, die vom Inhalt

einer bestimmten Übung abhängig sind. Zum Beispiel bei einer Übung, in der die schwarze und die weiße Gruppe getrennt arbeiten sollen, oder eine Verteilung, die Gruppenmitglieder mit einem ähnlichen Erfahrungshintergrund zusammenbringt. Manchmal handelt es sich auch um eine Einteilung aus rein praktischen Erwägungen, um eine Gruppe zu verkleinern und damit jeder(m) die Chance zu geben, zum Zuge zu kommen. In Subgruppen ist es wichtig, daß allen dieselbe Zeit zur Verfügung steht, so daß jede(r) wirklich zu Wort kommen kann.
Plenum: Die große Gruppe hat vor allem die Funktion, Erfahrungen untereinander auszutauschen. Deshalb werden die Übungen stets im Plenum nachbesprochen; im Plenum können auch Fragen gestellt werden, und hier finden auch die Gesprächsrunden statt.

● *Methoden*

Den wichtigsten Teil des Trainings bilden die Übungen. Wir haben unterschiedliche Übungen ausgearbeitet, die die Erinnerungen an den durchlaufenen Sozialisationsprozeß im Hinblick auf die eigene Unterdrückung oder die rassistische Konditionierung wieder zugänglich machen sollen. Das Artikulieren der Erinnerungen ist eine Form der Verarbeitung. Indem alte Erfahrungen erinnert und noch einmal bewußt durchlebt werden, können die damit verbundenen Emotionen freigesetzt und unbewußte Verhaltensmuster geändert werden. Ein Teil der Übungen richtet sich unmittelbar auf das Sichtbarmachen von Rassismus und die praktische Einübung antirassistischer Verhaltensweisen.

● *Demonstration*

In einer Demonstration arbeitet die Trainerin mit einem Mitglied der Gruppe vor der gesamten Gruppe. In den meisten Fällen liegt ein spezifisch »gefühlsbetontes« Thema zugrunde. Die Trainerin gibt der(m) Betroffenen die Möglichkeit, ihre Gefühle zum Ausdruck zu bringen und dadurch zu verarbeiten. Indem Zusammenhänge zwischen den Emotionen und dem alltäglichen Verhalten hergestellt werden, wird die Bedeutung der unverarbeiteten Gefühle erkennbar.

● *Spiel*

Vor allem, wenn sich ein Training über mehrere Tage erstreckt, ist es angenehm, nicht immer nur zu reden, sondern auch etwas zu tun; das beansprucht ganz andere Energien und kann zudem ganz andere Erfahrungen ans Licht bringen. In einem Spiel geht es nicht darum, etwas zu begründen, sondern um direktes Erfahren. Dinge, die in einem Gespräch leichtfertig behauptet wurden, werden in einem Spiel häufig ganz anders empfunden. Spielformen sind von daher ein wichtiges Hilfsmittel in einem Bewußtseinstraining.

● *Gesprächsrunden*

In einer Gesprächsrunde soll sich jedes Gruppenmitglied der Reihe nach zu einem bestimmten Gegenstand äußern, ohne daß darüber diskutiert wird. Gesprächsrunden können zu Beginn, zwischendurch als Intermezzi oder als Abschluß eines Trainings angesetzt werden. Jede(r) kann in kurzer Zeit etwas äußern, Erfahrungen und Wünsche mitteilen oder auch andere Aspekte einbringen. Es ist wichtig, sich vorher zu einigen, wieviel Redezeit jeder(m) zur Verfügung steht, da man sonst leicht den zeitlichen Überblick verliert.

● *Film*

Ein Film ist ein gutes Informationsmittel und bietet gleichzeitig eine Möglichkeit zur Entspannung, da die Teilnehmer/innen nicht selbst aktiv werden müssen. Es ist wichtig, einen Film auszuwählen, der das Training inhaltlich ergänzt. »Kantharos« verwendet immer den Film «The eye of the storm«. Dieser Film illustriert, wie bei Kindern die Konditionierung abläuft, er zeigt sehr deutlich, wie sie sich anfänglich dagegen wehren, nach kurzer Zeit jedoch die unterschiedlichen Positionen einnehmen. Die meisten anderen Filme über Rassismus schildern in erster Linie, was Rassismus ist und wann er auftritt. Das entspricht nicht genau der Thematik des Trainings. Zudem sind diese Filme oft sehr hart und rufen bei Weißen Schuldgefühle hervor – und Schuldgefühle sind eine schlechte Basis für antirassistisches Handeln.

● *Vortrag*

Jedes Training beginnt mit einer Darlegung der wesentlichsten Ausgangspunkte, eventuell zugespitzt auf die speziellen Wünsche einer Gruppe, die vorher bekannt waren oder sich aus den ersten Kontakten ergeben haben. Folgende Schwerpunkte sind in diesem Überblick in jedem Fall enthalten:

● *Rassismus als Form von Unterdrückung und Teil des gesellschaftlichen Unterdrückungssystems.*
● der rassistische Sozialisationsprozeß
● die emotionalen Folgen dieser Sozialisation
● der Widerstand gegen Konditionierung
● damit verbunden, das Prinzip von Unschuld und Verantwortlichkeit
● die Bedeutung einer Befreiung vom Rassismus für Weiße

Diese Ausgangspunkte werden nicht zur Diskussion gestellt. Wir bitten jede(n), sie für die Dauer des Trainings zu akzeptieren. Vorschläge können besser während des Trainings ausprobiert werden, als daß sie im voraus, ohne diese Erfahrung, diskutiert werden. Ein dreitägiges oder achtwöchiges Training bietet mehr Möglichkeiten, sich auch mit theoretischen Fragen zu befassen. Häufig verfahren wir so, daß wir einen Tagesabschnitt auf eine konkrete Fragestellung verwenden und dabei mit einem theoretischen Vorspann beginnen.

● *Das Training*

Kontaktaufnahme:

Ein Kennenlernen ist vor allem deshalb wichtig, weil wir uns sicherer fühlen und mehr Vertrauen entwickeln können, wenn wir wissen, mit wem wir es zu tun haben. Je größer das Bedürfnis nach Sicherheit und Vertrauen ist, desto tiefer muß das gegenseitige Kennenlernen sein. Für das Gelingen eines antirassistischen Trainings sind Sicherheit und Vertrauen wichtige Voraussetzungen. Außer zu erfahren, wen man vor sich hat, versucht man während des Kennenlernens herauszufinden, wie die gegenseitigen Wünsche und Erwartungen aussehen. Eine Kontaktaufnahme ist für die Gruppe und die Trainerin, aber auch für die einzelnen Teilnehmerinnen wichtig. Es hängt von der Größe der Gruppe und von der zur Verfügung stehenden Zeit ab, wieviel Aufmerksamkeit wir darauf verwenden.

Folgende Fragen können zur Sprache kommen:

- der Name
- wie sieht euer Engagement im Hinblick auf Rassismus aus
- in welchen Punkten wollt ihr in diesem Training weiterkommen
- berichtet von einem Erfolgserlebnis, das ihr im Zusammenhang mit einer Befreiung vom Rassismus hattet
- gibt es etwas, das ihr im Hinblick auf dieses Training nicht gern auf euch zukommen seht

Gerade in der Beantwortung der letzten Frage wird ein wesentlicher, aber empfindlicher Punkt bei den Teilnehmerinnen berührt. Das Wort »Training« erweckt bei vielen Menschen das Gefühl, daß etwas mit ihnen geschehen könnte, das sie nicht in der Hand haben, oder daß Dinge freigesetzt werden, mit denen sie nicht gerechnet hatten. Das Thema Rassismus verunsichert die meisten Menschen. Es ist für viele schon eine Erleichterung, wenn sie ihre Gefühle artikulieren können. Die Trainerin weiß damit ihrerseits, wie weit sie gehen kann und womit sie besonders sorgfältig umgehen muß.

Bei einer Auseinandersetzung mit einem Problem wie dem Rassismus liegt der Schwerpunkt auf dem, was noch zu geschehen hat. Es ist jedoch ebenso wichtig, sich mit dem zu beschäftigen, was schon geschehen ist – deshalb wird bei der Kontaktaufnahme nach schon errungenen Erfolgen gefragt. Es geht dabei nicht um »Wahnsinns«-aktivitäten, sondern um ganz alltägliche Dinge. Ganz normale Dinge wie Freundschaften oder gute Kontakte sind schon ein Erfolg für den Antirassismus, denn leider sind in unserer Gesellschaft solche Kontakte immer noch vereinzelt und nicht selbstverständlich.
Es ist sinnvoll, sich während des Kennenlernens Notizen zu machen. Sie bieten Anhaltspunkte, um das Programm eventuell zu korrigieren oder auf die spezifischen Wünsche der Teilnehmer/innen auszurichten.

Übungen

Die Übungen sind grob in drei Themenbereiche gegliedert. Es gibt solche, die sich auf die Aufdeckung und Verarbeitung der rassistischen Sozialisation richten, andere, die der Aufdeckung und Verarbeitung der eigenen Unterdrückung dienen sollen, und Übungen, die sich mit praktischem Handeln aus der Perspektive einer Befreiung vom Rassismus befassen. Wir haben allerdings auch Übungen eingeplant, die nicht unter eine dieser drei Kategorien fallen, zusätzliche Übungen, die der Verarbeitung dessen, was im Training herauskam ist, dienen. Dazu gehören beispielsweise die ersten beiden Übungen.

1) Verarbeitung des Vortrages
Ziel: Verarbeitung der Assoziationen, die der Vortrag geweckt hat / Gliederung des Vortrages / Sammeln von Fragen
Arbeits/Organisationsform: Zweiergruppen / jede fünf Minuten / Frage: Was ruft der Vortrag bei euch hervor? / Wiederholt die für euch wesentlichen Punkte / Gibt es Fragen?
Für welche Gruppe: für alle Gruppen, auch für große Gruppen geeignet
Bestmöglicher Zeitpunkt: nach dem Vortrag
Dauer: 15 Minuten

2) Fragen
Ziel: Genauere Erläuterung der Theorie (also keine Diskussion)
Arbeits/Organisationsform: Jede(r) erhält die Möglichkeit, Fragen zu stellen/ Die Trainerin sammelt alle Fragen und wählt die aus, die die Diskussion

vorantreiben; im Anschluß daran beantwortet sie alle Fragen durchgehend
Für welche Gruppe: für alle Gruppen
Bestmöglicher Zeitpunkt: nach dem Vortrag
Dauer: maximal 30 Minuten

Dieser Teil wird nur dann durchgeführt, wenn uns genügend Zeit zur Verfügung steht, oder wenn beispielsweise ein Vortrag gehalten wird, bei dem der Schwerpunkt der Veranstaltung auf der Aneignung theoretischen Wissens liegt. Bei einem dreistündigen oder eintägigen Training haben in der Regel die praktischen Übungen Vorrang.

Rassismus-Sozialisation

3) Spielende Kinder
Ziel: Aufdecken des Widerstandes gegen die Konditionierung: nur wenige Menschen erinnern sich daran, daß sie sich gegen Unterdrückung gewehrt haben; um das Prinzip der Unschuld als Ausgangspunkt akzeptieren zu können, ist es wichtig, diese Erkenntnis zurückzugewinnen
Arbeits/Organisationsform: Zweiergruppen / jede zwei Minuten / Frage: Mit welchen Kindern durftet ihr früher nicht spielen? Welchen Hintergrund hatten diese Kinder? Hieltet ihr euch an dieses Verbot? / Besprechung im Plenum / Frage: Wer möchte über seine Erfahrung berichten?
Für welche Gruppe: alle Gruppen
Bestmöglicher Zeitpunkt: im Zusammenhang mit dem Vortrag, wenn es um »Widerstand« geht
Dauer: 10 Minuten

4) Unzensierte Bilder
Ziel: Kontrolle einer Bewußtseinsveränderung vor und nach dem Training
Arbeits/Organisationsform: Individuell / Auftrag: Schreibt eine Minute lang ohne Selbstzensur alles auf, was ihr mit den Begriffen Ausländer und Rassismus assoziiert / Nach einer Minute werden die Zettel eingesammelt und beiseite gelegt mit der Bitte, sie sich erst nach dem Training wieder anzusehen
Für welche Gruppe: weiße Gruppen in einem eintägigen Training
Bestmöglicher Zeitpunkt: direkt nach dem Kennenlernen, noch vor dem Vortrag
Dauer: 5 Minuten

5) Erste Erinnerungen
Ziel: Einblick in die früheste Sozialisation
Arbeits/Organisationsform: Zweiergruppen / jede fünf Minuten / weiße Teilnehmer/innen / Frage: Was sind eure frühesten Erinnerungen an Schwarze oder an das, was euch über Schwarze erzählt worden ist? / Schwarze Teilnehmer/innen / Frage: Was sind eure frühesten Erinnerungen an Weiße oder an das, was euch über Weiße erzählt worden ist? / Besprechung im Plenum / Einige Teilnehmer/innen haben dieselben Erinnerungen / Frage: Welchen Eindruck von schwarzen oder weißen Menschen haben diese Erinnerungen bei euch hinterlassen?
Für welche Gruppe: alle Gruppen
Bestmöglicher Zeitpunkt: nach der Auswertung des Vortrages
Dauer: 20 Minuten

Der Austausch von Erinnerungen deckt Gemeinsamkeiten auf. In Zweiergruppen kommen Erinnerungen nur zögernd an die Oberfläche, in einer großen Gruppe hingegen fällt jeder(m) etwas anderes ein, das fast immer für alle anderen nachvollziehbar ist. So stellt sich heraus, daß fast jede(r) als Kind von denselben, ganz bestimmten Dingen gehört hat: von der Missionierung der armen Schwarzen, die von weißen Patern, Schwestern und Missionaren, die so viel »Gutes« getan haben, bekehrt wurden; von den Kochtöpfen, in denen Weiße schmorten; von Onkel Toms Hütte, von Zwarte Piet und Nikolaus.
Nachdem die einzelnen Beiträge zusammengetragen worden sind, fragt die Trainerin nach den Eindrücken, die diese Erfahrungen in bezug auf schwarze Menschen hinterlassen haben. Das allgemeine Bild, das zurückgeblieben ist, beschränkt sich auf die Vorstellungen: Schwarze sind arm, dumm, nackt und gefährlich.

6) Ist das, was gesagt wird, wahr?
Ziel: Erkennen und Verarbeiten vorhandener Denkweisen
Arbeits/Organisationsform: Zweiergruppen / jede fünf Minuten / Auftrag: Stellt euch selbst laut die Frage: »Ist das, was über Ausländer gesagt wird, wahr?« / Sprecht aus, was euch in den Sinn kommt, zum Beispiel, daß alle Ausländer von Arbeitslosenunterstützung leben, daß sie ständig in Messerstechereien verwickelt sind, etc. / Besprechung im Plenum / Frage: Wie habt ihr euch bei dieser Übung gefühlt?
Für welche Gruppe: die weiße Gruppe
Bestmöglicher Zeitpunkt: im Anschluß an die Übung »Erste Erinnerungen«
Dauer: 20 Minuten

Diese Übung bringt die Denkweisen, die wir gespeichert haben, nach außen. Es ist eine Illusion zu glauben, daß die Vorstellungen, die wir in unseren Köpfen haben, keine praktischen Auswirkungen hätten. Indem wir unsere Gedanken in einem kontrollierten Moment (wie z. B. während eines Trainings) verbalisieren, werden wir uns ihrer bewußt und können möglicherweise ihren Einfluß auf unser Denken und Handeln verändern.
Eine Übung, die sich mit bestehenden Vorurteilen befaßt, sollte niemals in einer großen Gruppe durchgeführt werden, weil sich diese Vorurteile dann sehr schnell verfestigen.
Eine Gruppe von Oberschülerinnen wollte während eines Trainings nicht in Untergruppen arbeiten. Die Trainerin beschloß daraufhin, das Programm mit der gesamten Gruppe durchzuarbeiten. Im Verlauf der Übung sah sie sich vor unlösbare Probleme gestellt. Die Vorurteile, die während der Übung zutage traten, waren für jede(n) so deutlich erkennbar, daß eine Schülerin schon nach kurzer Zeit rief: »Sie können doch nicht meinen, daß wir alle blöd sind!« Der Trainerin blieb nichts anderes übrig, als das Programm umzustellen und die Problematik verinnerlichter Unterdrückung anzusprechen.
Selbst in der Besprechung werden die Inhalte der Übung nicht vor dem Plenum offengelegt. Die Übung setzt immer sehr viele Gefühle frei.
Man schrickt davor zurück, alle seine Gedanken laut zu äußern und fühlt sich schuldig. Diese Gefühle können dann verarbeitet werden, wenn in der Besprechung die Frage nach der emotionalen Betroffenheit gestellt wird.

7) Verbindungsübung
Ziel: Sichtbarmachen des Einflusses früher Sozialisation auf bestehende Denkweisen
Arbeits/Organisationsform: Im Plenum / laut denken / Frage: Wie sieht das allgemeine Bild aus, das sich aus der Übung 6 «Ist das, was gesagt wird, wahr?« ergibt? / Gibt es Parallelen zwischen dem allgemeinen Bild schwarzer Menschen aus den »Ersten Erinnerungen« und dem der letzten Übung?
Für welche Gruppe: die weiße Gruppe
Bestmöglicher Zeitpunkt: im Anschluß an Übung 5 oder 6
Dauer: 10 Minuten

Im Verlauf dieser Übung stellt sich heraus, daß es durchaus Verbindungslinien zwischen Arbeitslosigkeit und nackten »Neger«kindern, zwischen Kochtöpfen und Messerstechereien, zwischen Radau und Zwarte Piet gibt.

Dieselben Parallelen bestehen auch hinsichtlich des Bildes, das Weiße von sich selbst haben.
Gerard setzt sich schon seit Jahren gegen Rassismus und für Schwarze ein. Er erzählt jedoch, daß er noch immer von seinen schwarzen Kollegen kritisiert werde, sie nicht ernst zu nehmen oder für sie zu denken. Als wir auf seine ersten Erfahrungen zurückblickten, fiel ihm ein, wie stolz er immer in der Kirche gewesen war, wenn sein Vater einen Geldschein in den Kollektebeutel geworfen hatte. Nun schämt er sich, aber erkennt auch, daß seine jetzige Einstellung noch stark durch das paternalistische Vorbild seines Vaters geprägt ist.

8) Wahr oder nicht wahr
Ziel: Kontrolle der Informationen
Arbeits/Organisationsform: Untergruppen / 20 Minuten / Auftrag: Erstelle eine Liste von Vorstellungen über Ausländer, wie sie euch bekannt sind, und wie sie euch zu Ohren gekommen sind / Geht die Liste durch und beurteilt, welche Behauptungen richtig sind, und welche auf Vorurteilen beruhen / Beide Listen werden in der Gruppe besprochen / Auftrag: Geht die Liste mit den richtigen Behauptungen durch und beurteilt, wo es um Werturteile geht und wo um ausschließlich sachliche Informationen
Für welche Gruppe: die weiße Gruppe
Bestmöglicher Zeitpunkt: beliebig
Dauer: 45 Minuten

Die Informationen, die wir über schwarze Menschen erhalten, können aus einer sachlichen Information, aus Werturteilen oder Vorurteilen bestehen. Sachliche Informationen vermitteln, wie Menschen sind und wie sie sich, beispielsweise aufgrund einer anderen historischen Entwicklung, anderer Lebensumstände oder einer anderen Kultur, unterscheiden.
Ein Werturteil ist eine Meinung, ein Urteil über jemanden oder etwas. Schwarze Menschen werden nach diesem Wertsystem verurteilt, weil sie unseren westlichen Normen nicht genügen. Zum Beispiel die Chinesen, die kein »r« sprechen, und denen deshalb immer mangelnde Sprachfertigkeit unterstellt wird. Bei Amerikanern, die kein holländisches »g«, oder Franzosen, die kein »h« sprechen, wird soetwas übrigens nie unterstellt.
Ein Vorurteil ist entweder eine unwahre Behauptung, die allein auf falscher Information beruht, oder die sich, als eine Folge von Unterdrückung, zum Teil bewahrheitet hat. Ein Vorurteil ist häufig die Verallgemeinerung eines Werturteils.

Bei der Vielzahl falscher Auffassungen über schwarze Menschen ist es oft sehr schwer zu bestimmen, zu welcher Kategorie unsere Ansichten gehören – ob es sich um eine sachliche Information handelt, die richtig ist, ob ein Werturteil mit hineinspielt, während die Information an sich stimmt,oder ob wir es mit einem Vorurteil zu tun haben.

9) Zweifel
Ziel: Raum schaffen für neue Ideen
Arbeits/Organisationsform: Frage an die Gruppe: Wem fällt es schwer, diese Geschichte zu glauben / Ein Mitglied der Gruppe wird für eine Demonstration ausgewählt / Die Trainerin wiederholt mehrmals: »Das ist wirklich wahr,« und bittet die/den Betreffende(n), ihre/seine Zweifel laut zu äußern / Zweiergruppen / jede 3 Minuten / Auftrag: Macht dieselbe Übung
Für welche Gruppe: alle Gruppen
Bestmöglicher Zeitpunkt: im Anschluß an eine Theorie, die Zweifel hinterlassen hat
Dauer: 15 Minuten

Im antirassistischen Training werden Menschen mit einer Wirklichkeit konfrontiert, die ihren verfestigten Auffassungen manchmal diametral entgegengesetzt ist, so daß es ihnen große Mühe macht, die neue Wahrheit zu akzeptieren. Dies geschieht beispielsweise bei einer anderen Betrachtungsweise der Geschichte – wir haben das im 1. Kapitel beschrieben. Man weiß im allgemeinen sehr wohl, daß die existierenden Vorstellungen über schwarze Menschen so nicht stimmen, aber daß die Wirklichkeit so radikal anders ist, daß unsere Vorfahren aus Afrika stammen, daß Afrika eine so reiche kulturelle Vergangenheit besitzt, klingt in den Ohren vieler Menschen unwahrscheinlich. Die Gefühle der Überlegenheit lassen wenig Raum, um eine so gänzlich andere Geschichte akzeptieren zu können. Wo kein Raum ist, muß welcher geschaffen werden, und das kann durch die folgende Übung erreicht werden. Die Zweifel, die in dieser Übung geäußert werden, lauten ungefähr: »Wie kann das angehen, daß wir das niemals erfahren haben?« »Aber haben denn alle Wissenschaftler das Problem am falschen Ende angefaßt?« »Wenn man sich das heutige Afrika ansieht, kann man sich das wirklich nicht vorstellen.«

10) Arbeiten mit schwarzen Menschen
Ziel: Verarbeiten von Widerständen gegen schwarze Menschen
Arbeits/Organisationsform: Zweiergruppen / jede 10 Minuten / Auftrag:

Stellt euch vor, daß ihr ab morgen nur noch mit schwarzen Kollegen/innen oder Klienten/innen zu tun habt / Laßt euch eure erste Reaktion durch den Kopf gehen / was findet ihr daran gut / was findet ihr daran schwierig? / Besprechung im Plenum / Frage: Welche Gefühle werden geweckt?
Für welche Gruppe: eine Gruppe, die beruflich mit Schwarzen zusammenarbeitet bzw. zusammenarbeiten wird
Bestmöglicher Zeitpunkt: im Zusammenhang mit einem Trainingsteil über antirassistisches Handeln
Dauer: 45 Minuten

Auch bei dieser Übung kommt das Inhaltliche nicht im Plenum zur Sprache. Diese Übung erzeugt immer sehr viele Emotionen. Das Plenum hat die Funktion, diese Emotionen zu verarbeiten. Als die Trainerin diese Übung zum erstenmal durchführte, hatte sie nicht richtig eingeschätzt, wie stark die Bedrohung für Weiße ist; sie kommt gerade an diesem Punkt massiv zum Ausdruck. Die Übung kann auch entsprechend verändert werden, um die Angst vor Schwarzen sichtbar zu machen. Eine solche Übung kann zum Beispiel in einer Demonstration mit einem Mitglied der Gruppe erarbeitet werden.

11) Angst
Ziel: Verarbeiten der Angst vor schwarzen Menschen
Arbeits/Organisationsform: Demonstration / 5 Minuten / Auftrag: Die Trainerin bittet die Teilnehmer/innen, sich vorzustellen, von nun an nur noch mit schwarzen Menschen zusammenzuarbeiten. Sie fordert sie auf, alle Assoziationen und Gefühle laut zu äußern / Zweiergruppen / jede 5 Minuten / Frage: Was hat diese Übung bei euch wachgerufen? / Abschluß in der Gruppe / Frage: Was würdet ihr an einer solchen Arbeitssituation angenehm finden?
Für welche Gruppe: die weiße Gruppe
Bestmöglicher Zeitpunkt: beliebig
Dauer: 25 Minuten

In Abänderung dieser Übung kann sichtbar werden, in welcher Weise die Angst Weißer mit ihrer Sozialisation zusammenhängt.

12) Rassismus-Sozialisation und Angst
Ziel: Sichtbarmachen des Einflusses der Sozialisation auf bestehende Gefühle
Arbeits/Organisationsform: Demonstration / 10 Minuten / Auftrag: Der

erste Auftrag aus der Übung Nr. 9 / Frage: Habt ihr früher etwas erlebt, was eure Gefühle gerechtfertigt erscheinen läßt? / Die Trainerin arbeitet mit der Teilnehmerin diese frühe Erfahrung auf, indem sie sie bittet, alles darüber zu erzählen und zu sagen, wie sie sich dabei gefühlt habe / Abrundende Demonstration: Frage: Was schätzt ihr an schwarzen Menschen? / Zweiergruppen / jede 5 Minuten / Frage: Was hat diese Übung bei euch wachgerufen?
Für welche Gruppe: die weiße Gruppe
Bestmöglicher Zeitpunkt: beliebig
Dauer: 25 Minuten

Die eigene Unterdrückung

13) Zielgruppe 1
Ziel: Einblick in die Folgen von Unterdrückung gewinnen
Arbeits/Organisationsform: Plenum / 3 Minuten / Auftrag: Erstellt eine Liste der direkt und indirekt von Rassismus betroffenen Zielgruppen, zu denen ihr gehört / Zweiergruppen / jede 10 Minuten / Auftrag: Überlegt euch, ob sich eure Zugehörigkeit zu einer der beiden Gruppen positiv auf eure Arbeit auswirkt / Überlegt, ob schwierige Situationen am Arbeitsplatz mit der Zugehörigkeit zu einer der beiden Gruppen zu tun haben / Plenum / Frage: Wer möchte sich über seine Entdeckungen mit anderen austauschen?
Für welche Gruppe: alle Gruppen
Bestmöglicher Zeitpunkt: im Anschluß an den Film »The eye of the storm«
Dauer: 35 Minuten

14) Zielgruppe 2
Ziel: Anhand der eigenen Unterdrückung lernen, als Bündnispartner zu handeln.
Arbeits/Organisationsform: In Zielgruppen / (Frauen, Schwarze, Juden, Angehörige der Arbeiterklasse etc.) / 60 Minuten / Frage: a. Was macht euch stolz auf eure Gruppe? / b. Was ärgert euch am meisten an Menschen aus dieser Gruppe? / c. Was sollte die Zielgruppe der anderen Betroffenen eurer Meinung nach in Zukunft nicht mehr tun? / Plenum / Besprechung der Fragen a. und c. / Die Antworten zu c. werden auf einen Zettel geschrieben / Die Antworten werden in Bezug zu Rassismus gesetzt und in dieser Version ebenfalls notiert / Die Antworten auf die Frage: »Was sollte im Hinblick auf Schwarze niemals mehr geschehen?« werden in

Bezug gesetzt zu der Frage: »Was sollte stattdessen geschehen?«
Für welche Gruppe: alle Gruppen
Bestmöglicher Zeitpunkt: relativ zu Beginn des Trainingsprogramms
Dauer: 2 Stunden

Dies ist eine wichtige Übung, die in jedem längeren Training ihren Platz hat, weil wir hier zwei wichtige Schritte vollziehen. Wir erhalten einen Einblick in die eigene Unterdrückung und die anderer Zielgruppen; der letzte Übungsteil enthält direkte und praktische Anweisungen für antirassistisches Handeln. Diese Übung vermittelt, wie wir jederzeit und in allen möglichen Situationen die eigenen Erfahrungen mit Unterdrückung im Sinne der bestmöglichen Handlungsweise nutzen lernen. Ich werde den Ablauf dieser Übung etwas ausführlicher darstellen, weil die schematische Beschreibung allein noch keinen deutlichen Eindruck hinterläßt.
Wir beginnen die Übung mit der Einteilung der Gruppe in Zielgruppen. Nur die wirklich Betroffenen dürfen sich den entsprechenden Zielgruppen anschließen, also niemand, der zwar an einer spezifischen Problematik interessiert ist, dieser Gruppe jedoch nicht angehört. Zum Beispiel kommen Heterosexuelle nicht in die Gruppe der Homosexuellen. Da wir uns als Kinder alle in einer unterdrückten Position befunden haben, gehört jede(r) zu mindestens einer Zielgruppe. Jemand, der zu mehr als einer Zielgruppe gehört, entscheidet sich für die Gruppe, zu der sie/er sich am meisten hingezogen fühlt. Eine Zielgruppe besteht immer aus zwei oder mehr Personen. Es ist wichtig, die Zusammensetzung der Zielgruppen nicht zu verändern. Es passiert oft, daß sich jemand durch ein anderes Thema auch angesprochen fühlt – beispielsweise aufgrund negativer Erfahrungen als Student/in, Arbeitslose/r etc.... Wir könnten hier eine ganze, lange Latte aller nur denkbaren unglücklichen gesellschaftlichen Positionen aufstellen. Jedesmal, wenn ich der Bildung einer anderen Gruppe zugestimmt hatte, mußte ich die Erfahrung machen, daß die entsprechende Gruppe nicht mit allen Fragen zurechtkam und die Antworten auf die letzte Frage nicht mehr auf Rassismus bezogen werden konnten. Außerdem entsteht auf diese Weise ein unscharfes Bild gesellschaftlicher Unterdrückung. Es ist jedoch möglich, daß sich bestimmte Zielgruppen spezifizieren und aufteilen. Zum Beispiel Homosexuelle in schwule Männer und lesbische Frauen.

Die Frage »Worauf seid ihr stolz?« gibt einen Überblick über alle positiven Eigenschaften einer Gruppe, die trotz oder aufgrund der Unterdrückung vorhanden sind. Die Möglichkeit, ein Gefühl von Stolz zu entwickeln, hat eine Schutzfunktion gegenüber allem Negativen, mit dem die Gruppe durch ihr Unterdrücktsein belastet ist, und dies stärkt, trotz aller Widrigkeiten, ihr Selbstbewußtsein. Die Besprechung dieser Frage im Plenum gibt allen anderen, die nicht in dieser Zielgruppe sitzen, einen Einblick in den wirklichen Charakter dieser Gruppe; auf diese Weise wird ein Gegengewicht zu den Vorurteilen und falschen Informationen geschaffen.

Die Frage: »Was ärgert euch?« fragt nach der verinnerlichten Unterdrückung. Als Folge der Unterdrückungsverhältnisse sind die Mitglieder einer unterdrückten Gruppe dahin gekommen, bestimmte Merkmale oder Eigenschaften ihrer Gruppe oder der eigenen Person zu verabscheuen. Indem sie diese Dinge beim Namen nennen, kann die verinnerlichte Unterdrückung sichtbar und der Prozeß der Verarbeitung eingeleitet werden. Dieser Teil der Übung wird nicht ins Plenum eingebracht, da einige Aspekte der Selbsteinschätzung einer Gruppe erfahrungsgemäß mit Unterdrückung, und folglich auch mit Vorurteilen, übereinstimmen. Das muß nicht unbedingt wiederholt werden.

Die letzte Frage muß so konkret wie möglich beantwortet werden. Ausgehend von den eigenen Erfahrungen mit Unterdrückung soll gesagt werden, was die nicht Betroffenen in Zukunft unterlassen sollen.

15) Überlebensstrategie
Ziel: Durch das Erkennen der eigenen Überlebensstrategie die Überlebensstrategie anderer erkennen
Arbeits/Organisationsform: Erste Übung /Zweiergruppen / jede 5 Minuten / Frage: Wie habt ihr es als Kinder verstanden, Aufmerksamkeit zu wecken / euren Willen durchzusetzen? / Warum tatet ihr das? / Besprechung / Frage: Erkennt ihr die Überlebensstrategie? / Zweite Übung / in Zielgruppen / Frage: Was ärgert euch an Menschen aus eurer eigenen Zielgruppe? / Erkennt ihr darin eine Überlebensstrategie? / Besprechung / Frage: Welche Überlebensstrategien wurden entdeckt?
Für welche Gruppe: Gruppen, die ein längeres Training machen
Bestmöglicher Zeitpunkt: nicht zu früh
Dauer: 50 Minuten

16) Hoch im Kurs
Ziel: Gegenüberstellung der »eigenen Wertvorstellungen« und der aufgezwungenen Vorstellungen über schwarze Menschen
Arbeits/Organisationsform: Plenum / Notiert auf einem Zettel, was bei

euch zuhaus »hoch im Kurs stand« / Zweiter Auftrag: Notiert auf einem Zettel eure jetzigen und eure früheren Vorstellungen über schwarze Menschen / Besprechung / Vergleicht die beiden Zettel. Stellt Punkt für Punkt Zusammenhänge her und unterstreicht die Aussagen, die einander ausschließen

Für welche Gruppe: Gruppen, die gut assoziativ denken können
Bestmöglicher Zeitpunkt: beliebig
Dauer: 45 Minuten

Die Normen und Wertvorstellungen, die in der Sozialisation über die eigene Gruppe vermittelt wurden, stehen im allgemeinen im Gegensatz zu den Vorstellungen über schwarze Menschen. Dies führt zu Projektionen, durch die bestehende Vorurteile noch verstärkt werden.

Handeln

17) »Wie geht ihr mit einer rassistischen Äußerung um?«
Ziel: Entdecken von Handlungsmöglichkeiten für ein effektives Auftreten
Arbeits/Organisationsform: Erste Übung / Zweiergruppen / jede 5 Minuten / Auftrag: Erinnert euch an Situationen, in denen ihr eure Meinung geändert habt; welche Voraussetzungen haben euch dazu die Möglichkeit gegeben? / Besprechung / Notiert auf einem Zettel die Voraussetzungen, die ihr vorgefunden hattet / Zweite Übung / Zweiergruppen / jede 5 Minuten / Auftrag: Nehmt eine beliebige rassistische Äußerung. Nehmt euch zwei Minuten Zeit, um zu sagen, was euch spontan zuerst dazu einfällt, sucht dann nach einer Reaktion, die die eben notierten Bedingungen erfüllt; dafür müßt ihr herausfinden, was die Äußerung über die Person, von der sie stammt, aussagt – das ist die Überlebensstrategie, die sich hinter der Äußerung verbirgt / Besprechung / Frage: Wer hat eine effektive Reaktion gefunden?
Für welche Gruppe: Gruppen, die ein längeres Training machen
Bestmöglicher Zeitpunkt: dritter/vierter Programmabschnitt
Dauer: 45 Minuten

In der Nachbesprechung zu dieser Übung kommt es sehr auf ein geschicktes Reagieren der Leiterin an. Es fällt den meisten sehr schwer, eine gute Reaktion auf eine Überlebensstrategie zu erfinden, ohne vielleicht gleichzeitig eine abfällige Bemerkung zu machen. Die Trainerin muß an dieser Stelle den Denkprozeß aktiv steuern (S. a. Kapitel 5 »Nochmals zur Überlebensstrategie«).

18) Die Wirkung einer Reaktion
Ziel: Erfahren, was Reaktionen verursachen
Arbeits/Organisationsform: Rollenspiel / Erster Auftrag: A macht eine rassistische Bemerkung, zum Beispiel: »Die Ausländer nehmen uns die ganze Arbeit weg.« B reagiert wütend, zum Beispiel: »Es gibt unter Ausländern mehr Arbeitslose als bei uns«, oder »Wir haben sie doch selbst geholt.« A reagiert gefühlsmäßig. Das Spiel wird ausgesetzt / Zweiter Auftrag: A macht dieselbe rassistische Bemerkung. B äußert eine weiterführende Reaktion, zum Beispiel: »Erzähl doch mal.« A reagiert gefühlsmäßig / Nachbesprechung / Wie hat A beide Situationen erfahren? / Sind unterschiedliche Reaktionen spürbar?
Für welche Gruppe: Gruppen, die an der Wirksamkeit einer anderen Verhaltensweise zweifeln
Bestmöglicher Zeitpunkt: vor oder nach Übung 15
Dauer: 15 Minuten

Ein wichtiger Grund, warum wir oft nicht strategisch klug und effektiv reagieren, liegt darin, daß wir selbst von rassistischem Denken nicht unberührt sind und unseren Standpunkt deshalb auch nicht mit hundertprozentiger Überzeugung vertreten können.

19) Ist das, was sie sagen, wahr? (2)
Ziel: Testen der eigenen (Un)sicherheit
Arbeits/Organisationsform: Zweiergruppen / jede 5 Minuten / Fragc: Ist das, was über Schwarze gesagt wird, wahr? Äußert laut eure Vorstellungen, so wie sie euch in den Kopf kommen und überlegt, ob ihr mit Sicherheit sagen könnt, daß sie hundertprozentig falsch sind
Für welche Gruppe: alle Gruppen
Bestmöglicher Zeitpunkt: beliebig
Dauer: 10 Minuten

Eine Weiterführung dieser Übung kann dazu benutzt werden, Sicherheit zu verstärken und die falschen Informationen zu verarbeiten.

20) Das, was sie sagen, ist nicht wahr
Ziel: Neuprogrammieren von Informationen
Arbeits/Organisationsform: Zweiergruppen / jede 10 Minuten / Auftrag: Nehmt ein Vorurteil, dessen ihr euch nicht sicher seid. A spricht das Vorurteil aus. B wiederholt mehrmals: »Ich weiß sicher, daß es nicht wahr ist.«
Für welche Gruppe: alle Gruppen

Bestmöglicher Zeitpunkt: im Anschluß an Übung 6 oder 17
Dauer: 20 Minuten

21) Schritte
Ziel: Konkretisieren neuer Erfahrungen und Ideen für die Praxis
Arbeits/Organisationsform: Zweiergruppen / jede 15 Minuten / Fragen: Welche lang- oder kurzfristigen Schritte wollt ihr im Rahmen einer Befreiung vom Rassismus unternehmen? Was ist der erste Schritt? Wann werdet ihr den tun? / Welche Unterstützung braucht ihr dazu? Wie bekommt ihr die? / Besprechung / langfristiges Ziel / der erste Schritt / die Unterstützung
Für welche Gruppe: alle Gruppen
Bestmöglicher Zeitpunkt: gegen Ende des Trainings
Dauer: 1 Stunde

Diese Übung ist ein wichtiger Abschluß jedes Trainings. Bei einem kurzen Training kann die Auswertung dazu benutzt werden, um Schritte, festzulegen. In dieser Übung können die ersten Schritte beispielsweise in einem Rollenspiele, auf ihre Realisierbarkeit getestet werden.
In einer Trainingsgruppe, die sich achtmal trifft, kann man für diesen Teil feste Paare bilden. Jede Sitzung schließt mit der Formulierung bestimmter Vorsätze. Beim nächsten Treffen findet in diesen festen Zweiergruppen ein gegenseitiger Erfahrungsaustausch statt; daran schließt sich eine Planung der nächsten Schritte an.
Die beiden Partner/innen lernen sich auf diese Weise gut kennen und können sich in ihren Schwachpunkten unterstützen. Wenn sie nicht miteinander auskommen, bringen sie ihre Probleme in der Gruppe zur Sprache, die sich, zusammen mit der Leiterin, darüber auseinandersetzt.

Spiel

22) Zielgruppenspiel
Ziel: Einleben in die Position der unterschiedlichen Zielgruppen
Arbeits/Organisationsform: Der Raum wird durch eine imaginäre Mittellinie geteilt. In der einen Hälfte soll jede(r) Patient, in der anderen Arzt sein. Die Gruppenmitglieder können wählen, in welcher Hälfte sie beginnen wollen. Auf ein Zeichen der Trainerin bewegt sich jede(r) in seinem eigenen »Territorium«, lebt sich in die gewählte Position ein und bringt dies in ihrer/seiner Körperhaltung zum Ausdruck. Wenn die Trainerin

Stop sagt, verharrt jede(r) in der eingenommenen Haltung. Die Trainerin tippt einige Leute an. Diese bringen in einem Wort ihre Haltung zum Ausdruck. Auf ein weiteres Zeichen der Trainerin laufen alle weiter. Jetzt darf auch die imaginäre Trennungslinie überschritten werden. Die neu gewählte Position wird wiederum durch eine bestimmte Körperhaltung ausgedrückt. Die Trainerin kann das Spiel einige Male unterbrechen, um die Teilnehmer/innen zu bitten, ihre Haltung zu beschreiben. Dann wird das Spiel angehalten.
Das Spiel kann in einer Mann-Frau-Konstellation und ein drittes Mal in einer Schwarz-Weiß-Konstellation wiederholt werden.
Nachbesprechung / Fragen: Wie war es in den unterschiedlichen Positionen? Wie war es, die Positionen zu verändern?
Für welche Gruppe: alle Gruppen, vor allem die, die ein dreitägiges Training machen
Bestmöglicher Zeitpunkt: am zweiten Abend
Dauer: 30 Minuten

23) Skulpturenspiel
Ziel: Erfahren des Unterschiedes zwischen Macht und Ohnmacht
Arbeits/Organisationsform: In Zweiergruppen / Als Ausgangspunkt nehmen wir das Verhältnis Arzt – Patient. Die beiden Partnerinnen stellen in einer Skulptur das klassische Verhältnis von Arzt und Patient dar. Auf ein Zeichen der Leiterin wird die Skulptur in einer Slowmotion-Bewegung verändert. Der Arzt wird Patient, der Patient Arzt. Diese Umkehrung machen wir noch zweimal. Auf ein weiteres Zeichen der Trainerin wird das Idealverhältnis Arzt – Patient dargestellt. Danach vollziehen wir die Umkehrung von idealem zu klassischem Verhältnis und umgekehrt.
Dieses Spiel kann in einer Mann-Frau-Konstellation oder in einer Schwarz-Weiß-Konstellation wiederholt werden.
Nachbesprechung / Fragen: Wie war es in den unterschiedlichen Positionen? Wie waren die Übergänge?
Für welche Gruppe: alle Gruppen, vor allem die, die ein dreitägiges Training machen
Bestmöglicher Zeitpunkt: am zweiten Abend
Dauer: 30 Minuten

Incident - Methode

Die meisten Menschen machen ein solches Training, weil sie in ihrem Arbeits- oder Lebensbereich mit Rassismus konfrontiert werden. Diese praktischen Erfahrungen bilden eine gute materielle Grundlage, um durch

Analysen und Diskussionen zu einer anderen Herangehensweise zu kommen. Einen möglichen Zugang finden wir über die Incident-Methode. Wir beginnen in Zweiergruppen. Auftrag: Wählt eine Problemsituation, die ihr gern bearbeiten möchtet / Erstellt ein Soziogramm der Zielgruppenzugehörigkeit aller Betroffenen / Plenum, kurze Präsentation aller Situationen / Die Gruppe entscheidet sich für die Situation, die ihr am repräsentativsten erscheint / Besprechung der Situation im Plenum / Diejenige, die die Situation eingebracht hat, gibt nähere Erklärungen (5 Minuten) / Die Gruppe stellt Verständnisfragen, ohne zu interpretieren oder Lösungsmöglichkeiten anzubieten (10 Minuten) / Jede(r) sucht für sich nach Lösungen. Wie würdest du damit umgehen? (eventuell auch in Zweiergruppen, 10 Minuten) / Zusammentragen aller Lösungsvorschläge (keine Diskussion, 10 Minuten) / Die Betroffene wertet alle Lösungen aus und überlegt, welche für sie, in ihrer Situation, am geeignetesten ist (10 Minuten) /Die Gruppe hilft bei der Ausarbeitung eines Planes, überlegt die nächsten Schritte und eventuelle Unterstützungsmaßnahmen / Abschließend eine Gesprächsrunde / Frage: Was habt ihr für eure eigene Arbeitssituation daraus gelernt?

Situatives Rollenspiel

Zu wissen, was falsch ist und verändert werden muß, ist ein Schritt – das Umsetzen in die Praxis ein anderer. Durch situative Rollenspiele können Lösungsvorschläge auf ihre Brauchbarkeit getestet werden. Ein Spiel bietet die Möglichkeit, eine Situation am eigenen Leibe zu erfahren. Jeder Lösungsvorschlag, der im Rahmen eines Trainings gemacht wird, sollte im Grunde einmal durchgespielt werden. Während eines Trainings nahm sich eine Frau vor, Kontakt zu ihrem schwarzen Nachbarn herzustellen. Sollte sie zuerst bei ihm anklopfen, oder sollte sie ihn zu sich nach Hause einladen? In einer Umkehrung der Zielgruppen haben wir verschiedene Situationen getestet.
Die erste Situation: Sie ist eine weiße Frau (betroffen), und ihr weißer Nachbar möchte Kontakt knüpfen. Er klingelt an und kommt zu einem kleinen Plausch bei ihr vorbei.
Die zweite Situation: Er bittet sie zum Tee. In beiden Spielsituationen fühlt sie sich als Frau nicht wohl: »Was will er eigentlich von mir?« Aufgrund ihrer Erfahrung in diesem Rollenspiel kommt die Frau zu dem Schluß, ihren schwarzen Nachbarn zunächst einmal freundlich zu grüßen, sich mit ihm zu unterhalten und dann weiter zu sehen.

Die erforderlichen Schritte für ein situatives Rollenspiel sind folgende:

- Die Gruppe entscheidet sich für eine Situation, die sie anhand einer Situation am Arbeitsplatz üben will
- Diejenige, die diese Situation eingebracht hat, gibt eine möglichst konkrete Schilderung
- Die Rollen werden verteilt
- Zunächst wird die Situation auf Anweisung der Betroffenen so gespielt, wie sie sich in Wirklichkeit zugetragen hat
- Das Spiel wird besprochen; wie haben die Spielerinnen ihre Position erfahren; zuerst äußert sich diejenige, die die schwierigste Rolle übernommen hatte, dann die anderen Mitspielerinnen und als letzte die Beobachterinnen
- Die Situation wird noch einmal durchgespielt, diesmal jedoch verbunden mit einer Perspektive für eine Befreiung vom Rassismus
- Das Spiel wird wiederum nachbesprochen; wie haben die Spielerinnen ihre Position jetzt erfahren?
- Wenn Teilnehmerinnen Verbesserungsvorschläge anbringen wollen, wird die Situation noch einmal durchgespielt und anschließend besprochen

Rassismus-Sexismus

Viele der Gruppen, die ich leite, sind Frauengruppen. Ein wichtiges Thema, das immer wieder angesprochen wird, ist die enge Verknüpfung von Rassismus und Sexismus. In den meisten Fällen wird dieses Thema in einem gesonderten Programmteil behandelt. Die Problematik enthält viele Aspekte, die eng miteinander verbunden sind. Eine zentrale Rolle spielen die Ängste. Ein Rassismus-Sexismus-Programm sieht folgendermaßen aus:

- Die Frauen haben eine Minute Zeit, um erste Assoziationen zu »schwarzen Männern« aufzuschreiben (s. Übungen). Die Zettel werden eingesammelt und beiseite gelegt.
- Der Gruppe wird die Frage gestellt: »Versucht, euren Gefühlen nachzugehen (also nicht rational zu denken) und herauszufinden, wann eure Angst größer ist, wenn ihr abends einem weißen oder einem schwarzen Mann begegnet.« Es zeigt sich immer wieder, daß die meisten weißen Frauen mehr Angst vor schwarzen als vor weißen Männern haben.

Im folgenden wird die Gruppe gefragt: »Von wem seid ihr öfter sexistisch behandelt worden (durch Bemerkungen, Belästigungen etc.), von weißen oder schwarzen Männern?«

Es stellt sich heraus, daß weiße Frauen viel mehr negative Erfahrungen mit weißen als mit schwarzen Männern gemacht haben, nicht weil weiße Männer sexistischer wären, sondern weil weiße Frauen in der Regel mit weißen, und nicht mit schwarzen Männern umgehen. Die Erfahrungen und die Angstgefühle sind also nicht direkt miteinander verbunden. Die Angst vor schwarzen Männern beruht nicht auf konkreten Erfahrungen. Woher kommen diese Ängste dann?
Angst ist eine negativ besetzte Zukunftsphantasie, die sich in 99,9% aller Fälle nicht bestätigt. Die Angst beruht auf falschen Informationen, die wir schon sehr früh über schwarze Menschen, insbesondere schwarze Männer, erhalten haben. Wenn in einer Gruppe eine Frau sitzt, die eine sehr schlechte Erfahrung mit einem schwarzen Mann gemacht hat, die vergewaltigt oder bedroht worden ist, kann diese Erfahrung ein guter Anknüpfungspunkt für eine Demonstration sein. (s. die folgende Übung). In den meisten Fällen wird diese Frau eher als andere gegen die Vorstellung, daß ihre Ängste nicht auf konkreter Erfahrung beruhen können, protestieren, denn schließlich hat sie diese Erfahrung hinter sich.

24) Erfahrung verfestigt die früheren Informationen
Ziel: Verarbeiten einer schlechten Erfahrung / Aufzeigen, daß frühe Informationen die Wirkung einer schlechten Erfahrung verstärken
Arbeits/Organisationsform: Demonstration / Die Trainerin bittet die Frau zu erzählen, was ihr passiert ist. Sie ermutigt sie, ihre Gefühle zum Ausdruck zu bringen. Nach einiger Zeit bittet die Trainerin sie, von dieser Situation zu abstrahieren und zu versuchen, herauszufinden, ob sie schon vor diesem Vorfall Angst vor schwarzen Männern hatte. Die Antwort lautet immer: »Angst ja, aber es war nicht so schlimm.« Dann fragt die Trainerin, was sie früher über schwarze Männer gehört habe, und wie ihre erste Begegnung mit einem schwarzen Mann ausgesehen habe. In den meisten Fällen taucht »Zwarte Piet« in der Erinnerung auf. Die früheste Erfahrung mit einem schwarzen Mann, die Angst auslöste, war in diesem Fall »Zwarte Piet«. Die Erfahrung der Vergewaltigung, Jahre später, hatte einen déjà-vu-Effekt (s. auch Kapitel 4 »Die Erfahrung verfestigt falsche Informationen«).
Anschließend wird mit der gesamten Gruppe die folgende Übung durchgeführt.

25) Angst vor schwarzen Männern
Ziel: Aufdecken und Verarbeiten von Ängsten
Arbeits/Organisationsform: Dreiergruppen / 30 Minuten / Frage: Wovor

genau habt ihr Angst? Versucht es so konkret wie möglich zu machen. / Woher kommen diese Vorstellungen? / Habt ihr davon gehört oder darüber gelesen? / Welche Funktion hat diese Angst / Welche Vor- und Nachteile sind für euch damit verbunden? / Besprechung aller Fragen im Plenum
Für welche Gruppe: Frauengruppen
Bestmöglicher Zeitpunkt: In Verbindung mit dem Thema Rassismus-Sexismus
Dauer: 50 Minuten

Ängste haben Vor- und Nachteile. Es ist wichtig, über beides Bescheid zu wissen, wenn etwas verändert werden soll. Ein Vorteil besteht darin, daß jedes negative Urteil über jemand anderen gleichzeitig ein positives Urteil über die eigene Person enthält. So können wir immer den anderen die Schuld für unsere eigenen Unzulänglichkeiten geben. Von Nachteil ist, daß wir uns selbst auf diese Weise in vieler Hinsicht einschränken.
Anschließend machen wir eine Übung, die darauf zielt, Ängste zu verändern. Jede schreibt in einem Satz ihre Angst vor schwarzen Männern auf. Sie formuliert einen zweiten Satz, der dem ersten inhaltlich völlig widerspricht. Zum Beispiel: »Schwarze Männer sind eine Provokation für mich.« – »Schwarzen Männern kann ich vertrauen.« Dann folgt die Übung.

26) Neuprogrammieren von Angst
Arbeits/Organisationsform: Zweiergruppen / jede 5 Minuten / Auftrag: Wiederholt den Satz, der dem Angstgefühl widerspricht / Sagt, was euch dazu einfällt / Wiederholt nochmals den Satz, und macht in dieser Form weiter

Wie gehen wir mit einer Situation, die sowohl rassistisch als auch sexistisch besetzt ist, um? Zur Verdeutlichung erzähle ich immer die folgende Geschichte:
Alltäglicher Rassismus: Wir fahren zu drei Frauen zu einem Frauenfest. Wir müssen eine Brücke überqueren. In diesem Viertel, im Jordaan, ist alles ein bißchen eng, und man muß den entgegenkommenden Verkehr gut im Auge haben. Das Auto, das aus der anderen Richtung kommt, nimmt die Kurve zu weit und kommt nicht an uns vorbei. Wir halten an. Er auch (ja, ein Er), und dann passiert erst einmal gar nichts. Niemand tut etwas, er nicht, wir nicht, und wie es aussieht, scheint auch niemand die Absicht zu haben. Eine von uns schlägt vorsichtig vor, zurückzusetzen. Nein, auf keinen Fall, er hat Schuld und wir sind unterwegs zu einem Frauenfest, also gehen wir nicht zur Seite. »Das passiert doch immer wieder.« Wir

kichern. »Der Herr gegenüber ist schon ganz geil,« wir weichen nicht. Von beiden Seiten kommen Männer aus den Autos hinter uns auf uns zu. Nach einem Gespräch mit unserem Gegenüber kommt einer der Männer zu uns: »Vielleicht seid ihr im Recht, aber seid doch lieb.« Die Bemerkung ist daneben; lieb sind wir schon seit ein paar Jahren nicht mehr. Die Situation macht uns Spaß, wir bleiben stehen. Die Autofahrer hinter uns geben klein bei und wir, nachdem noch einige Minuten verstrichen sind, auch. Wir lassen den Mann unter Hupen und Beifallklatschen durch, das Segel wird triumphierend gestrichen. Eindeutiger Sexismus, wir hatten Recht. Nach fünf Minuten sagt eine von uns: »Zum Glück sind wir antirassistisch, sonst hätten wir es uns nicht verkniffen zu sagen, daß es natürlich wieder ein Schwarzer war.« Ja, wir haben nichts in dieser Richtung gesagt, wirklich prima! Wir behandeln alle Männer gleich, ob sie nun schwarz oder weiß sind; es ging hier um Sexismus, und das hat mit der Hautfarbe nichts zu tun. Wieso, nichts zu tun? Wir hatten doch gesehen, daß es ein Schwarzer war, und die Autofahrer hinter uns doch auch? Er wußte, daß wir Weiße waren, und der Mann, der uns gebeten hatte, lieb zu sein, doch genauso? Jetzt kann ich mir vorstellen, was besser gewesen wäre – wie immer im Nachhinein. Gleichheit heißt nicht, so zu tun, als gäbe es keine Unterschiede, keinen Unterschied zwischen einem weißen und einem schwarzen Mann. In dem Auto saß nicht ein Mann, sondern ein schwarzer Mann, und auf der anderen Seite saßen drei weiße Frauen. Schwarz sein und Frau sein kannst du nicht ablegen. *Schwarz- oder Frausein kannst du nie vertuschen.* Widerstand gegen Sexismus wird zu Rassismus und Widerstand gegen Rassismus zu Sexismus.

27) Rassismus-Sexismus
Ziel: antirassistisches Handeln in einer sexistischen Situation
Arbeits/Organisationsform: Zweiergruppen / zusammen 30 Minuten / Auftrag: Wählt eine Situation, von der ihr nicht genau wißt, ob sie rassistisch oder sexistisch geprägt ist / Frage: Was war daran Rassismus? (Was tat Weiß?) / Was war daran Sexismus? (Was tat Schwarz?) / Wie könnte die Pattstellung durchbrochen werden? / Nachbesprechung

● *Gesprächsrunden*
Gesprächsrunden können zur Einführung und als Abschluß, aber auch zwischendurch eingesetzt werden.

● *Einführende Gesprächsrunden*
haben vor allem zum Ziel, Gemeinsamkeiten herzustellen. Jede(r) ist vor

einem solchen Training mit anderen Dingen beschäftigt gewesen, und um einen Übergang von »dort« nach »hier« zu schaffen, können wir beispielsweise beginnen mit:
– Erzählt, was ihr zwischen zwei Gruppentreffen Angenehmes erlebt habt. In einer einführenden Gesprächsrunde kann auch eine Verbindung zwischen dem vorherigen und dem jetzigen Treffen hergestellt werden. Beispielsweise durch die Frage: »Was fandet ihr bei unserem letzten Treffen angenehm?« Wenn zwei Treffen zeitlich weit auseinanderliegen, kann eine einführende Gesprächsrunde dazu genutzt werden, um sich über positive Erfahrungen der Teilnehmer/innen, die diese in der Zwischenzeit in Zusammenhang mit antirassistischem Handeln gemacht haben, zu unterhalten.
– Erzähle, was dein Nachname für dich bedeutet. – Außer einem besseren Kennenlernen vermittelt diese Gesprächsrunde auch einen Einblick in den persönlichen Hintergrund und die Herkunft der einzelnen.

● *Eingeschobene Gesprächsrunden:*
haben zum Ziel, die Anspannung der Teilnehmer/innen zu lockern; vor allem, wenn viel geredet wird, sind sie ein gutes Mittel, um die Konzentration auch über einen längeren Zeitraum zu erhalten. Eingeschobene Gesprächsrunden sollen in einem inhaltlichen Zusammenhang mit dem Training stehen und sich beispielsweise auf das Thema der Befreiung von Rassismus beziehen:
– Welche Ausländer/innen kennt ihr in eurer näheren Umgebung?
– Welche ausländischen Gerichte eßt ihr gern?
– Nennt eine berühmte schwarze Persönlichkeit aus der Geschichte oder aus unseren Tagen.
– Welchen Einfluß hatten Freundschaften auf eure Vorstellung von schwarzen Menschen?
– Fragen können auch auf die bewußte Auseinandersetzung mit dem eigenen Hintergrund zielen:
– Wo bist du geboren?
– Welche typisch einheimische Gerichte magst du gern?
– Nenne eine historisch bedeutende weiße Persönlichkeit, auf die du stolz bist.
– Nenne ein typisch deutsches Lied.
– Welche Gegend in Deutschland findest du schön?

● *Abschließende Gesprächsrunden:*
sollen sich mit einer kurzen Einschätzung des Vorangegangenen befassen,

wie beispielsweise:
- Was war für euch das Wesentlichste bei diesem Treffen?
- Was habt ihr Neues erfahren?
- Was wollt ihr von diesem Treffen mit nach Hause nehmen?

Die Auswertung

Die Auswertung ist ein sehr wesentlicher Programmpunkt. In der Auswertung muß deutlich werden, was das Training gebracht hat. Sie gibt den Teilnehmer/innen die Chance, auf das Geschehene zurückzublicken, neue Perspektiven explizit zu benennen und eventuelle Enttäuschungen zur Diskussion zu stellen. Es hängt von der Dauer eines Trainings ab, wieviel Zeit auf die Auswertung verwandt wird.

Bei einem kurzen Training beschränkt sich die Auswertung auf drei Fragen:
Was ist das Wichtigste, das ihr heute entdeckt habt?
Wie werdet ihr in Zukunft mit diesem Problem umgehen?
Gibt es noch etwas, das ihr zur Sprache bringen möchtet?

Bei einem langen Training von beispielsweise drei Tagen oder über einen Zeitraum von acht Wochen empfiehlt es sich, nicht nur eine Endauswertung, sondern auch eine Zwischenbesprechung zu machen. Es kann damit überprüft werden, ob das Training den Erwartungen entspricht, ob die Gruppe gut miteinander arbeiten kann. Aufgrund einer Zwischenbesprechung können das Programm, die Arbeitsweise oder der Gruppenprozeß korrigiert werden.

Zwischenauswertung
Jede(r) Teilnehmer/in erhält eine Fragenliste, die ausgefüllt werden soll.
Fragen:
Erfüllt das Training deine Erwartungen?
Was hältst du von der Arbeitsweise?
Ist es für dich angenehm, in dieser Gruppe zu arbeiten?
Bist du mit der Leitung zufrieden?
Gibt es Themen, die du noch gern zur Diskussion gestellt sehen würdest?
Alle Fragen werden in der Gruppe besprochen.

Endauswertung

Die Gruppe hat 10 Minuten zur Verfügung, um die Aufzeichnungen durchzugehen.

Zweiergruppen / jede 10 Minuten / Fragen: Was habt ihr aus dem Training gelernt? / Wie findet ihr die Arbeitsweise? / Habt ihr etwas vermißt? / Gesprächsrunde im Plenum / Fragen: Was ist das Wichtigste, das ihr gelernt habt? / Wie findet ihr die Arbeitsweise? / Habt ihr etwas vermißt? / Was fandet ihr bei der Leiterin besonders gut?

Bibliographie

v.d. Berg, Harry/Reinsch, Peter, Racisme in schoolboeken. Het gladde ijs van het westers gelijk, Sua, Amsterdam 1983

Bleich, Anet, Schuhmacher, Peter u.a., Nederlands racisme, v. Gennep, Amsterdam 1984

Bestuursinformatie, afd. onderzoek en statistiek, De Positie van Etnisch-culturele minderheden in gemeentedienst 1981 - 1985, Amsterdam, 1985

Bovenkerk, F., Het misverstand. Haagse Post Essay, Haagse Post, 13 mei 1986

Bovenkerk, F., Bruin, K., Brunten, L., Wouters H., Vreemd volk, gemengde gevoelens. Etnische verhoudingen in een grote stad, Boom, Meppel, 1985

Bovenkerk, F., Omdat zij anders zijn. Patronen van rasdiscriminatie in Nederland, Boom, Meppel, 1985

Brink, André, De mur van de pest, Meulenhoff, Amsterdam, 1985

Davidson, Basil, Africa in history, London 1968

Davis, Angela, Women, race and class, The Women's Press, London, 1982

Elias, Norbert, Scotson, John L., De gevestigten en de buitenstanders, Het Spectrum, Utrecht, 1976

Essed, Philomena, Alle dags racisme, Sara, Amsterdam, 1984

Fanon, Frantz, Peau noire, masques blancs, Paris 1965

Groenendijk, C.A., u.a. Gemeente en discriminatie-bestrijding, verslag van de studiedag op 14 november 1984, Groenereeks 79, VNG Den Haag, 1985

Hermsen, J., Cocounseling als methodiek. Lezing gehouden op het congres vrouwen en welzijnswerk van het Ivabo, Amsterdam 1986

Horak, J., Stanovsky, V., Witte en zwarte Carolientje, Kluwer, Deventer 1967

Institute of race relations, De wereld in zwart - wit. De geschiedenis van het racisme, Kritak, Leuven, 1983

Joseph, Gloria I., Lewis, Jill, Common differences, conflicts in black and feminist perspectives, Anchor Books, New York, 1981

Jackins H., The Human Side of the human beings, Rational Island Publishers Seattle, 1975

Kaldenbach, H., Discriminatie, hoe reageer je erop? De Toorts, Haarlem, 1986

Kempadoo, Kamala, Ethnicism and black and migrant women: in theory and practise. Diss. Race and Ethnic Studies, University of Amsterdam, 1986

Kuijer, Guus, Het geminachte kind, De Arbeiderspers, Amsterdam, 1980

Lemaire, Ton, Over de waarde van culturen. Een inleiding in de cultuur-filosofie, Ambo, Baarn, 1976

Love, Barbara, Lezing tijdens de landelijke racisme-workshop cocounselen Baarn, 1986

Luttikholt, An, Van huis uit, Werken in vrouwengroepen, Sara, Amsterdam, 1984

Memmi, Albert, Le racisme, Paris, 1982

Miller, Alice, Das Drama des begabten Kindes, Frankfurt/M. 1979

Mohanty, Chandra Talpade, Under Western eyes: Feminist scholarship and colonial discourses, unpublished paper, Cornell University, New York, 1985

Oguntoye, Katharina, Opitz, May, Schultz, Dagmar, Farbe Bekennen, Orlanda Frauenverlag Berlin 1986

Paz, Magdeleine, Omdat ik zwart ben, Nederlandsche Uitgevers Maatschap. Amsterdam, 1931

Peace news, Takin racism personally, Manchester 1979

Penders, Monica, Smith, Mavis, Ik en jij, Wereldvenster, Bussum/Novib Den Haag/NCOS, Brussel, 1980

Pheterson, G., Vooroordelen omtremt lesbische vrouwen, opgenomen in: Moderne opvattingen over homoseksualiteit, v. Loghum Slaterus, Deventer, 1981

Riet, v., Willemijn, Racisme en de R.K. Kerk in Nederland, Diss., A.T.O., Utrecht, (nicht veröffentlicht)

Robinson, C.J., Black marxism, the making of the black radical tradition, London, Zed Press, 1983

Scobie, Edward, African women in early Europe, Journal of African Civilizations, vol. 6 Nr. 1, Transaction-books, London 1984

Schipper, Ary, Inleiding in de zangmethodiek, Heuwekemeyer, Amsterdam 1950

Sherover-Marcuse, Ricky, Beide Schemata wurden nicht von der Verfasserin selbst veröffentlicht. Die Grundideen sind nachzulesen in zwei Artikeln in: Nieuwe inzichten over Sociale veranderingen, Naar een perspectief om racisme af te leren. Een werkdefinitie van racisme, De Nieuwe Vooruitgang, Amsterdam 1983

Standard, Door de wijde wereld, jaarboek voor de moderne jeugd, Amsterdam 1959

Vuysje, Herman, De explosieve groei van een oud taboe, NRC, 17 mei 1986

Waldorp, Jan, Zangzaad voor kampeerders, Hollandia, Baarn, (kein Erscheinungsjahr)

Wallraff, Günther, Ganz Unten

With, Julian S., Rassenvoorkeur bij partners, Examensarbeit Soziale Psychologie, Utrecht, 1982

Empfehlenswerte Literatur zum Thema:

Arbeitsgruppe Frauenkongreß (Hg.), Sind wir uns denn so fremd? Ausländ. u. dt. Frauen im Gespräch, Berlin 1985

Becker, Jörg, Alltäglicher Rassismus. Nordamerikanische Rassenkonflikte im Jugendbuch der Bundesrepublik, Frankfurt 1977

ders., Reklame als Vehikel von Kolonialismus und Ausbeutung. Das Bild des Farbigen in der westdeutschen Reklame, In: Tendenzen 86/1973

Becker, Jörg/Oberfeld, Charlotte, Die Menschen sind arm, weil sie arm sind. Die »Dritte Welt« im Sachbuch für Jugendliche der BRD, Frankfurt 1977

Benzig, Brigitta, Zum Afrika-Bild in deutschsprachigen Kinder- und Jugendbüchern. In: Schule und Dritte Welt Nr. 45. Texte u. Materialien für den Unterricht, hrsg. vom Bundesministerium f. wirtschaftl. Zusammenarbeit, Bonn 1974

Deltgen, Florian, Der Neger im deutschen Kinder- und Jugendlied. In: Kölner Zeitschrift f. Soziologie u. Sozialpsychologie. 29. Jg. Heft 1, 1977

Fohrbeck, Karla/Wiesand, Andreas J./Zahar, Renate, Heile Welt und »Dritte Welt« (Schulbuchanalyse), Opladen 1971

Fremgen, Gisela, ... und wenn du dazu noch sczhwarz bist. Berichte schwarzer Frauen in der Bundesrepublik, Bremen 1984

Kalpaka Annita/Räthzel, Nora (Hg.), Die Schwierigkeit nicht rassistisch zu sein. Berlin 1986

Lester, Rosemarie K, Trivialneger – Das Bild des Schwarzen im westdeutschen Illustriertenroman. Stuttgart 1982

Oguntoye, Katharina/Opitz, May/Schultz, Dagmar (Hg.), Farbe bekennen. Afrodeutsche Frauen auf den Spuren ihrer Geschichte. Berlin 1986

Mergner, G./Höfner, A., Ausstellung und Katalog: Der Afrikaner im deutschen Kinder- und Jugendbuch bis 1945, Oldenburg 1985

Renschler, Regula/Preiswerk, Roy (Hg.), Das Gift der frühen Jahre. Rassismus in der Jugendliteratur, Basel 1981

Schütt, Peter, Der Mohr hat seine Schuldigkeit getan. Gibt es Rassismus in der Bundesrepublik? Dortmund 1981

Theye, Thomas (Hg.), Wir und die Wilden. Einblicke in eine kannibalische Beziehung. Hamburg 1985

Adressen

Institut für interkulturelle Erziehung
Franklinstraße 28/29
1000 Berlin 12

ISD – Initiative Schwarzer Deutscher
Gruppe Berlin
Nachbarschaftsladen Kottbusser Tor
1000 Berlin 36
(Die Adressen anderer Ortsgruppen sind über diese Anschrift zu erfahren.)

VIA – Verband der Initiativgruppen in der Ausländerarbeit
Theaterstraße 10
5300 Bonn 1

IAF – Interessenverband der mit Ausländern verheirateten Frauen/Verband bi-nationaler Familien und Partnerschaften e.V.
Mainzer Landstraße 147
6000 Frankfurt/Main 1

Sensibilisierungs-Training von Schwarzen für Weiße
c/o Helga Emde
6000 Frankfurt/Main 1

Aktion Dritte Welt e.V.
Informationszentrum Dritte Welt
Postfach 5328
7800 Freiburg

WIR – Internationales Zentrum
Hospitalstraße 109
2000 Hamburg 50

Frauen der Welt e.V.
Büro für Interkulturelle Bildung und Begegnung
c/o Ursula Linnhoff
Warendorfer Str. 6
5000 Köln 91

Ökumenischer Rat der Kirchen
– Weltkirchenrat –
Programme to Combat Racism
150, Route de Ferney/B.P. 66
CH – 1211 Genf/Genève 20